U0811726

是谁收得，点点滴滴，三分春色

我的青春我的梦
全国中学生校园美文精品集萃丛书

青春杨花，念念不忘

《作文与考试》杂志社 选编

时代文艺出版社

图书在版编目（CIP）数据

青春杨花，念念不忘 /《作文与考试》杂志社选编．—长春：时代文艺出版社，2018.8（2023.6重印）
（“我的青春我的梦”全国中学生校园美文精品集萃丛书）

ISBN 978-7-5387-5699-9

Ⅰ.①青… Ⅱ.①作… Ⅲ.①作文－中学－选集 Ⅳ.①H194.5

中国版本图书馆CIP数据核字（2018）第004350号

出 品 人　陈　琛
产品总监　郭力家
责任编辑　李荣崟
装帧设计　李　斌
排版制作　隋淑凤

本书著作权、版式和装帧设计受国际版权公约和中华人民共和国著作权法保护
本书所有文字、图片和示意图等专有使用权为时代文艺出版社所有
未事先获得时代文艺出版社许可
本书的任何部分不得以图表、电子、影印、缩拍、录音和其他任何手段
进行复制和转载，违者必究

青春杨花，念念不忘

《作文与考试》杂志社　选编

出版发行 / 时代文艺出版社
地址 / 长春市福祉大路5788号　龙腾国际大厦A座15层　邮编 / 130118
总编办 / 0431-81629751　发行部 / 0431-81629758
官方微博 / weibo.com / tlapress
印刷 / 北京一鑫印务有限责任公司
开本 / 700mm × 980mm　1 / 16　字数 / 153千字　印张 / 11
版次 / 2018年8月第1版　印次 / 2023年6月第5次印刷　定价 / 34.80元

图书如有印装错误　请寄回印厂调换

编 委 会

编委会主任：刘翠玲　夏野虹　高　亮

编　　委：钟　平　彭　宇　张　引

于智博　高明燕　苗　与

李　跃　关晓星　那继永

沈　洋　隋元明

目录

青春杨花，念念不忘

远方的路 .... 朱佩佩 002

好久不见 .... 郑　田 / 004

我的故事因您而精彩 .... 李首胤 / 007

麦田里的守望 .... 陈芦盾 / 009

青春杨花，念念不忘 .... 罗　婷 / 012

那年夏天，夏花绚烂 .... 罗洁茜 / 015

纸飞机，不落 .... 王双兴 / 017

我和玩具有个约会 .... 刘竺岩 / 020

离夏天最近的地方 .... 陈钟瑜 / 023

童年是一匹旋转木马 .... 张颢旋 / 025

岁月长，衣裳薄 .... 吴然然 / 027

别离 .... 高英发 / 029

我那行将渐远的初三 .... 李　可 / 031

链歌是一首诗 .... 张怡陈 / 033

步行在你的皱纹里

春天的承诺 .... 王　晶 / 036

深藏心底的那朵花 .... 安晓宇 / 038

人海中那件白衬衫 .... 魏心怡 / 040

走进梦的深处 .... 岳海燕 / 042

午夜的守候 .... 陈雪玲 / 044

那个叫“父亲”的人 .... 杨慧华 / 046

不曾改变的那双手 .... 李兴旺 / 048

母亲的白发 .... 廖超颖 / 050

此生，有天使陪伴 .... 高丹 / 052

蓝色的脚步声 .... 郭明月 / 054

母亲的剪影 .... 施可人 / 056

父亲的指甲 .... 孔　宁 / 058

一花凋落，一花绽放

一花凋落 · 一花绽放 .... 刘竺岩 / 062

回味 .... 陈圣鋆 / 065

如雪流苏 .... 邢伊琳 / 067

行走 .... 方　圆 / 069

缅怀逝去的过往 .... 颜山 / 073

孤独是一种收获 .... 江　锦 / 075

角色 .... 马　亮 / 077

享受生命 .... 刘竺岩 / 079

冬天的诉说 .... 王希月 / 081

笑纳“郑重” .... 卢　敏 / 083
它，在那一刻落下 .... 李玥轩 / 085

听，是谁在唱歌

我的蓝天　我的燕子 .... 刘秀美 / 088
念城 .... 王　晶 / 091
母亲最喜欢的是秋天 .... 张怡陈 / 094
油纸伞 · 江南情 .... 王旌旭 / 096
让我悄悄地告诉你 .... 陈圣鋆 / 098
你们不一定懂云 .... 郑秋琪 / 101
许愿树 .... 王　越 / 103
一缕阳光 .... 易丹晨 / 106
听，谁在唱歌 .... 薛年年 / 108
梦中的现实 .... 丰雅笛 / 110
此方彼地 .... 刘瑛琪 / 112
那一片落叶 .... 陈钟瑜 / 114
花儿，醉了流年 .... 梁　韵 / 117

左手捧书，右手摆渡

听听黛玉的声音 .... 安晓宇 / 120
左手捧书，右手摆渡 .... 上官凤蛟 / 122
不啰唆的曹操 .... 魏一宁 / 124
谁念西风独自凉 .... 罗　婷 / 127
钗头凤 .... 王安琪 / 129

红楼春怨 .... 胡庭晓 / 131
向往孤独 .... 卢　敏 / 133
古人不远：我最喜欢的历史人物 .... 谢雨庭 / 135
我来经历 .... 王　玉 / 138
季荷幽香 .... 王双兴 / 141

盘桓在记忆里的家乡

盘桓在记忆里的家乡 .... 白向达 / 144
春天里的一道风景 .... 袁佳丽 / 146
乡村素描 .... 王明慧 / 148
最后的挽歌 .... 三月间 / 150
你是我永远的陪伴 .... 杨　阳 / 153
无言的青石板 .... 诸葛佩弦 / 155
老屋 .... 吴石冰 / 158
有这样一个地方 .... 刘超凡 / 160
梦里，门外 .... 李羽洁 / 162
远方的路 .... 鲁香玲 / 164
麦子的味道 .... 施可人 / 167

青春杨花，念念不忘

但是生命里会有安排，那些引渡你的希望与光芒，总会在漫长的时光隧道里出现。

我相信它们的存在，只是耐心地做应该做的事情。花费在耐心上的时间，从来就不会滞重不前，是为成长拔节所付出的代价。于是不知从何时起，我开始眷恋植物一般的生活，沉默清新，四时有序，时日平淡，而又温情如水。

远 方 的 路

朱佩佩

她把脸贴在火车车窗上，感受夏日穿透肌肤的一点儿清凉，车窗外，是一望无际的金黄的麦田，在田边还有无言的稻草人，手中的蒲扇微微摆动，驱赶着调皮的麻雀。远处渐渐下落的夕阳，渲染出一片深浓的橘色，依稀还能分辨出蓝天与白云的交错。火车与两旁的麦子擦过，轰鸣的声音还带着些许微风。

她缩回脑袋，理了理被风吹乱的头发，拿过旁边的纸笔，写下一小段清冷的句子。

是不是我们最后都会沿着不同的轨道离开，交错的只有一段，等我看到你远去的背影，尘埃飞扬，再面无表情地继续前进。

彼此不言不语，心照不宣。

她想，这也许真的就是生活的写照吧，各自离去，留下自己在原地，潸然泪下。

火车还在继续前行，喧闹的车厢中涌动着一股股热流，人们小声埋怨着，她觉得自己与他们格格不入。

闭上眼，想想这几天发生的一切。

妈妈要她去另一个城市，开始自己的新生活，说她已经长大了，要自己照顾自己了，远方的路是好是坏，只能自己去尝试着走一遭……

再想想出发前，站台上一张张熟悉的脸和一双双湿润的眼睛，心头涌出暖意，但他们始终不能陪自己走下去。

睁眼再看看窗外，太阳只剩下半边脸，黑夜即将降临，独自一个人，走向那条未知的路，至于和谁一起也是未知。没由来的开始焦躁，望向窗外，前方交错的轨道会延伸到哪里，会给她带来怎样的生活，哎，此时，只能倚窗叹息。

进了一段长长的隧道，昏黄的灯光只能照亮窗边，车内一切都是轮廓，看不清人们的脸，听不见人们的吵闹，长长隧道中荡漾的只有属于火车飞驰后的那阵阵轰隆声，纯净而安全，不带任何杂乱的声音。“真好听。”她由衷地发出一声。前方出现一团深蓝色的光团，到尽头吗?

不知不觉外面黑了，夜幕如一件华丽而深沉的披风，盖住了这喧嚣的城市。路灯在窗外站着，不一会儿又到了后面，再也看不见。它们的生活很稳定，也许一生就立在原地，迎送一批批从它们身边驰过走向未知领域的人们，它们是快乐的吧，也许吧。

累了，向前趴在桌上，望向旁边一位有干净面容的男生，之前她一直没太注意他。他穿着棉衬衫和一条洗得发白的牛仔裤，随风飘扬的头发一会儿遮住他光洁的额头，一会儿又被吹起，他也不去理会，眼睛望向前方，眼神专注而闪烁。他也是去向远方寻找未知的吧，他为何那般激动，他很期待吗？一串问题冒了出来，可她始终没问，每个人都不同，有的人选择遗忘过去，勇往直前。而自己呢，又该如何？许许多多的问题，不想也罢。

她听到尖锐的鸣笛声通过听觉神经传入大脑，有一瞬间的刺痛，前方是交错的轨道，与即将交错的列车。

他们来自不同的地方，也终不会去向同一个地方。

正如列车有过交集，但也只是短暂的一段时间，远方的路，还是只有自己。

好久不见

郑田

一

海峡飞溅起的浪花，在傍晚的迷蒙中只能看清白色的水沫浮荡在带着点儿铅灰色的海浪里。快艇的船尾拖曳出一条长长的白色弧线，沙滩上的旅馆渐渐缩小成方块状的小点儿。前面是海，是岛屿，是绿色的山。

认识柯老师是在他成为我的数学老师之前。

印象最深的是老师们组队到渔寮消暑的时候，大概十岁左右的我也跟了去。坐快艇出海逛的时候，他坐在我旁边。老师身上的气质是一种杂糅的混合体，既有邻家大叔的亲切，好像遇上一个认识的人随时可以回去喝杯啤酒，但又不同于莫泊桑笔下的图瓦老爹，他也有身为老师的那种儒雅风度。

喜欢看他讲课的时候站在讲台上挥洒自如的潇洒，仿佛纵身立于千军万马之间而气定神闲（数学的确是千军万马……），如同谢安于淝水，孔明于西城。又怀着几分别致，几分幽默，课堂上的瞬间竟会让人产生不是在上苦大仇深的数学课的错觉。毫无疑问，同学公认的幽默大师自然是数学老师。只能说他的想象力太丰富了吧。有时，老师调侃的对象也会忍不住涨红了脸笑出声来。

二

远方的海面在阳光照射下有着碧绿的光芒。鱼群跃出海面的时候划出银白的弧线。渔船疏疏落落地静止在海面，海浪撞击岩石发出巨大的响声。

地平线上闪烁着微光。

特招考试前的七个月是初中阶段最紧张的时间。试卷，复习，纠结的思考。

那个时候是怎么过来的呢？生活照旧，玩乐照旧，我觉得我依然是在走走停停，好像现在想起来那段时间倒并没有特别艰苦什么的。做题是自然的，空闲下来就会感到的紧张也在意料之内。

心情时好时坏，有时幻想自己已经考上高中什么都不用着急，有时又怀疑自己是否能够考上，用惨淡的心情勾勒出同样惨淡的幻想。其实特招带给人的不是特别艰苦的题海战术，而是巨大的心理压力吧。

但是呢，在听老师分析题目的时候，好像内心就不再像是被悬挂在空中一般茫然无所依了。也许是因为在专心想些什么的时候，就把杂念排除了吧。

那个时候我又认识到数学老师的另外一面，对待题目，对待数学，他有无限的耐心与永远的严谨。

他会耐心地教导你一直到听懂为止，但他也会用沉默或是低沉的语气告诉你这样做他很失望；他会在闲暇开开玩笑看看球赛，但在上课的时候他用最严格的态度对待题目；他会很有耐心，但不会容忍破坏纪律或是其他出格的行为。他会是一个爱开玩笑的人，会是一个不错的篮球队员，但首先他是你的数学老师。

三

这些浪花是从什么时候开始日复一日年复一年地拍打岩石呢？

这些岩石会不会有一天化作粉末，碎屑，飘散在空中直至难以看清呢？

认识数学老师已经很久了，久到我都忘记了是在什么时候。仿佛闭上眼就能看见他戴着眼镜坐在藤椅上，微笑着聊天或是出题做题的样子。

那场景，莫名地让人心安。

西方人相信数字中藏有许多不为人知的奥秘，但我更愿意相信那些数字编织而成的网可以让人安心，而不是让人觉得失望或者是传递某个神秘的讯息。

我又想起那几次一个人坐在教导处里的时候，四周静悄悄的没有一个人，门被虚掩上，我敲着笔看着窗外绿色植物枝叶缝隙中露出的天空，在慢慢变得暗淡，天地空旷。但是呢，我愿意相信过不了多久就会有同伴，就会有熟悉的进门声传来。

就像那年在快艇上的时候，我安静地坐着，看着海的蓝色慢慢把整个世界填满一样。

好久不见，柯老师，你还好吗？

我的故事因您而精彩

李首胤

自从那天起，我便知道，你注定会走进我的生活，便将这平凡的一生，在你生命的诗篇记下辉煌的一笔。

—题记

我的生命因你而精彩。

那一天，我踏进了青青校园。

苍劲的松柏泛着生命的绿色，烈日下笔直地挺立着，一隅花儿吐露着夏日的芬芳。熟悉，是因为走进了似曾相识的课堂。陌生，是由于面前这张清瘦的面孔。然而我很快就发现，那张脸格外亲切明朗，有如春风拂面，拂过心间。

这是第一次与你相识。语文课堂上，您说，学好语文，当先做人，则必有情怀，思想与信仰。暖阳映衬着窗边的花儿，洒下一缕金辉——她也有自己的信仰，要把满园的桃李变得芬芳、美丽。

这是您第一次走进我的生活，从此我的生命开始悄然改变。

那一课，我明白了人生的价值。

外面洒落着淅沥的水珠，直落玉盘。灵巧的秋燕扇动着沉重的翅膀也滑入檐下。您从早已准备好的粉笔中抽出一根。一道刺耳的声音划破了沉寂的课堂，也划破了我的心空。

黑板上流泻下两道沉沉的白痕，那样重。“这是一个坐标，一个是你自己，一个是别人。横轴与你自己比，纵轴与别人比。是前进还是后退，这便是人生！”凝重的眼神下，飞出了生命的活力，散发着人生的光芒。

从那天起，我秉承着“人生不是儿戏，细节决定成败”的严谨态度对待学习，对待生活。

那一次，我与你零距离交谈。

明朗的万缕阳光透过稠密的树叶，映照清影。林荫下，我坐着的身影与您半蹲的躯体很不和谐。夏日中，那两个身影如此高兴。彼此间，零距离，面对面。精神引导生活，您用双手在半空中绘出的人生色彩敲开了我的内心世界。“有的时候，人是不能凭自己主观回答问题的。”“不能总以一个伤感的笔调写作。”我迷茫的世界明朗起来……

当你走进我的生活，我便知道，你注定会走进我的生活，然后将这平凡的一生在生命的诗篇记下辉煌的一笔。绘画着我人生最美丽的色彩，我的故事因为您——我的老师而精彩。

麦田里的守望

陈芦盾

守望麦田，亦守望幸福。

——摘自莫小麦的随笔

今天下了场雨，雨不大，但也湿润了大地，莫小麦喜欢这样的天气，不阴不晴，淡淡的感觉就好。站在教室外的阳台，就那样望了很久，直到望到那片麦田——她的最爱。

莫小麦喜欢麦田，连她自己也不知道为什么。她微低着头，手倚在下巴上，感受着春回大地的清新。也许是因为痴迷于那部《麦田里的守望者》的原因吧，可是，直到现在，她也没弄明白那个主人公守望的是什么？

是麦田里的幸福吗？

莫小麦睁大了她可爱的眸子，凝视着那片麦田，麦地不远，出了校门，就可以走到了。春天的麦子才刚刚返青，很小很嫩呢，大约过了夏天，这些稚嫩的小家伙便可以散发出阳光暖暖的味道了吧！而现在，她看见的是一株株小麦很坚强地挺立着身子，簇拥在那儿，无比生机的样子。

耐不住寂寞，小麦课间就跑去了麦地。三月的新鲜气息扑鼻而来，湿润湿润的，她才明白泥土的香味真的可以嗅到。其实，莫小麦最近很不开心的，总是感觉自己离幸福很远。

麦田里绿油油的，攒动着一个个小小的生命，低矮的麦浪浅浅地翻动，掀起风与麦子的嬉戏。风有些放肆，绿色的麦浪翻滚得急了些，她似乎看见大海唯美的轮廓。是的，它们这些小精灵啊，把小手都挥舞起来，摇动着，像是在欢呼呢。

“看来它们很喜欢我哦！”小麦心里甜甜地想，一抹会心的笑荡了起来，和麦浪融成一片。她也看到了麦苗儿的笑脸，莫小麦感觉自己已经与小麦融合成一幅最美的乡村图景了，她感觉在麦田里，离幸福近了。

莫小麦俯下身子，眼睛紧紧地盯住一株麦苗儿。在雨水的滋润下，麦苗儿似乎变得光彩多了，修长的叶面上滞留着数颗晶莹的玻璃水钻，那种颜色，透明的，晶亮的，可以透过去看见叶子上的毛孔，一点儿一点儿，都很清晰，她知道这些雨滴就是世界上最纯洁的东西了。

小麦努力地睁大瞳孔，她看见叶面比以前舒展多了，平整得像纸页，是那种绿意盎然的纸页，这种显眼的绿真的很蓬勃，叶片的最上面是愈来愈尖的“头顶”，怪不得飘动得如此柔情呢！

莫小麦忽然跨出脚，走到麦地中间，土地湿软湿软的，像块大大的棉花，软到心里去了，莫小麦相信自己是稻草人，目光在很远的远方，盼着幸福的来临，她真的是麦地里的守望者，守候着这些美好的绿色小天使，守望希望，并祈祷要一直一直幸福下去。

麦田的幸福在眼前的绿转成深黄的时候来临。丰收之后，麦田就幸福地完成使命，可是她莫小麦呢？

莫小麦的幸福很简单，只是一种美好而快乐的感觉罢了。此刻，莫小麦的刘海在麦浪中吹拂，刘海不长却很乱，淋漓得洒脱，亦拨乱了她的思绪。

头顶上的蓝天依旧如此，悠悠地飘来了一份新的幸福意蕴，守望幸福，幸福就一定会到。莫小麦的下一站是幸福，麦子的下一站亦是，每一个守望者也如此。

莫小麦想，每个人都是麦田里的守望者，待在麦田里，伸长脖子，踮起脚尖，眺望远方，看见了，看见了，收获的时节已招手笑望！

后记：莫小麦打开厚厚的随笔，随手拿起一支笔，一口气写下这样一些话：从未如此清新地感受过幸福，原来，不只远方有幸福要追寻，身边也有呢，成长着，追寻着，收获着，一路幸福相伴，我的麦田会一直一直滋养幸福小麦的。

又一次，莫小麦向着麦田的那个方向漂亮地转身四十五度，幸福地笑了。

青春杨花，念念不忘

罗 婷

芮芮在地理课上唠叨着：这一阵暖流过去之后再来一阵寒流就是夏天啦。

我迟钝的神经一下子紧张起来，夏天，那些我们怨过恨过哭过放弃过、笑过爱过痴过幸福过，只是最后依然是花自飘零水自流的回忆一下子涌上心头。你们有没有数过呢，弹指一挥间，到学校已经三年了。身边的朋友来了又走了，我们在时光的罅隙里哭了又笑了。

现在的我们都过得很开心，而被梦想和奋斗充斥的日子也会是我回忆里一道美丽的风景。

梦想是一种强大而丰饶的激情，带我在平淡的快要发霉的日子里轻盈地飞翔。

我相信温暖、美好、信任、尊严、坚强这些老掉牙的字眼。我不要自己颓废、空虚、迷茫、糟践自己、伤害别人。我不要把自己处理得一团糟。

偶尔可以停下来休息，但是别蹲下来张望。走了一条路的时候，我会记得不回头看。

时不时问问自己，自己在干吗。伤心和委屈的时候，偷偷地掉眼泪。哭完洗完脸，拍拍自己的脸，挤出一个微笑给自己看。

给自己一个远大的前程和目标。记得常常仰望天空。记住仰望天空的时候也看看脚下。

很长一段日子，晚自习结束后，么么和我背着大大的书包一起挤在自行车后座上，而我看着她的背影，觉得如果能有这样可以一起前进的人，即便中考就要来临也没有什么可怕的。

我们常常聊着“某某某和某某在一起啦”“班主任今天又发火了”之类的话题，有时候讲到关键的地方，会显得有些激动，音量情不自禁地提高，引得众人侧目。回家的路上有个高高瘦瘦帅气的男生，每次他经过时我们都会不自觉地放低音量，低头偷笑。

在那个时候，我望着周围表情各异的人们，常常会想，等中考完，如果我和么么再次回到这里，不必背书包也不必再抱怨作业多课业繁重，街上的人们会不会还认得出我们这两个曾经在人群里显得特别的女孩子。

其实一切总是会好起来的，我坚信着这一点。日子曾一度凝滞。这学期刚刚开始的时候，初始的新鲜感慢慢消失，而学习陷入一个瓶颈期。读书写题念大段的英语课文，总是找不到对味的感觉。曾经焦躁，也有过犹疑。这样的生活，究竟是否真的值得呢，但是看到《野猪大改造》里说，“人活着，就会有最差的时候，但是也会有最好的时候，这就是人生。”就像语文老师说的，既然选择了这条路，就要坚持走下去。

晚自习时我在座位上俯身做数学题，心绪平稳，然后就一直做下去。草稿纸一张张废掉，我淡定又迅疾地演算，神色平静如水。在整理书包的时候，我开心的样子仿佛很多年前一样简单明快。你们知道吗，没有谁是谁的救世主，但是生命里会有安排，那些引渡你的希望与光芒，总会在漫长的时光隧道里出现。

我相信它们的存在，只是耐心地做应该做的事情。花费在耐心上的时间，从来就不会滞重不前，是为成长拔节所付出的代价。于是不知从何时起，我开始眷恋植物一般的生活，沉默清新，四时有序，时日平淡，而又温情如水。

一切，就是这样渐渐好起来。我们都是这样，走过很多很多弯路，在一次次反复跋涉之后，最终变得平静坚强。

我一直都记得，这些年头，是那些美好的朋友与我一同开始了真正意义上的新生。而自此至今我也懂得，我的心意，不仅仅是一所好的大学，更希望自己能成为一个美好的人，拥有知识、力量、善良与希望。我喜欢那个为了这些而努力的我，如同我喜欢你们心里这般丰盛美好的爱。

青春杨花，念念不忘。

那年夏天，夏花绚烂

罗洁茜

黄昏的夕阳还在湖面伫立，久久不肯离去，好像在留恋着些什么。我站在记忆的路口边缘徘徊，伸出手指，想要抓住指缝间逐渐消逝的曾经，却只剩下流光逆影。不小心卷入记忆的旋涡，瞳孔不断放大，雕刻进那个夏花绚烂的夏天。

教室的窗外是灰蒙蒙的天，大朵大朵的云，也是灰色的，像掉在泥浆里的棉花糖。天空被树枝割得支离破碎，时不时有枯黄的叶子打着旋儿落下，发出痛苦的呻吟。我感到悬浮在空气中大把大把的水分子，附到睫毛上便成了眼泪。

这时，您走了过来，轻轻抚摸着我的头，温和地问我出了什么事。一向并不惹人注意的沉默寡言的我“受宠若惊”，不知怎的喉咙里发不出声，只是拼命地抹眼泪。您面朝我，嘴角划过优美的弧线，露出一个夏花般绚烂的微笑。“别担心，有什么难过的事情可以和老师谈谈。不要感到拘束，把老师当成一个知心朋友就行了。”我努力地把泪水往肚子里咽，才慢腾腾地从抽屉里拿出那张不堪入目的语文试卷。您只是用很不在意的眼神扫视了一下试卷，依旧微笑着说：“现在的失败并不能代表什么，你需要的是学会如何点燃热爱语文的激情，向成功迈进。”“可是，我不喜欢语文。”我开始放松警戒，坦白地告诉您。身为语文老师的您不但没有一丝怒气，反而继续微笑着向我描述您心中的语文世界："语文像苍穹一样广袤，你可以在阳光下欣赏蓝天白云，也可以在夜色中举杯邀月。总之，它是你心灵的乌托邦，你梦想的翅膀。"于是，我开始接纳语文，了解语文，渐渐地离不开语文，喜欢上清丽隽永的文字，微妙细腻的抒情。

一个如夏花般绚烂的微笑，足以温暖我敏感脆弱的心，变成我心中的蜂飞蝶舞，水绿山蓝。

在第三次月测时，我的语文成绩取得很大的进步。在周记里我透露出了自己的沾沾自喜。那时您给我写下两句评语："生命的冲刺，没有终点，只有速度。慢了，可能再也赶不上了。"旁边是一个微笑的符号。"生命的冲刺！"我心中涌动着一股莫名的感动和自责。

那年夏天，因为你的微笑，我开始明白为什么有些诗句历经风霜雨雪，依旧珠玑般流光溢彩，如"春蚕到死丝方尽，蜡炬成灰泪始干"；我开始在您的微笑里找到语文的天堂；我开始学会了胜不骄，败不馁，宠辱不惊，任庭前花开花落；去留无意，看天上云卷云舒；我开始……

那年夏天，夏花绚烂。

纸飞机，不落

王双兴

抛起
纸飞机
冲着阳光
满满的希望
快乐无须躲藏
有过感伤与迷茫
也有过桀骜与狂妄
但纸飞机不落永向上
梦留痕青春一路心向阳
——题记

纸飞机是孩子手中的快乐精灵，没有生命，不懂感情，却往往装满了童年的点点喜悦。面向朝阳，把纸飞机放在嘴前轻轻地呵一口气，不知道有什么作用，也不问为什么，只是觉得，这样，自己的小飞机就可以飞得更高，更远……

彼时，会在闲暇之时几个小脑袋扎到一块，叽叽喳喳讨论一阵，然后让一双双小手娴熟地跳跃在彩色的卡纸上。一阵忙碌过后，挥舞着各自的小飞机，争论谁的更好看……

彼时，奔跑在小操场上追逐着属于自己的纸飞机，天空被飞舞的彩翼打扮得热闹而不迷乱，美丽而不花哨，在一方仅属于童真的小天地，肆意渲染那可爱与清纯……

彼时，朋友会在老师板书的时候尽情展示自己的成果，然后在我一脸茫然地拿着凭空而下的纸飞机四处张望时笑得前仰后合……

是啊，小孩子，永远都快乐……

那个装满了糖果的时代，那个到处都飞满了纸飞机的小宇宙，或许那些已经成为记忆吧，但却是时间越久就越清晰的记忆！

可是，记忆归记忆，小孩子终究是要长大的！

如今，小手不再忙碌着折好多好多的纸飞机，而是握着那支和体温一样的笔在作业本上"驰骋"；更多时候不再肆无忌惮地奔跑在操场上，而是安安静静地坐在课桌前；友谊有了新的载体，课上会认认真真地听讲……

白驹过隙，旧时人已换了新颜，曾经那小小的我们也在岁月的更迭中成长着，成熟着……

如今，还是那样地迷恋卡通动画，却不再痴痴地相信王子会变青蛙，石头会飞因为小魔女的魔法。曾经希望自己是哆啦A梦可以从神奇的口袋中拿出好多好多的零食，希望自己是白雪公主最终和王子骑上漂亮的白马。如今稚气依旧，天马行空依然，却明白了要记得从缥缈的梦境中醒来，坦然地面对现实，执着地去奔跑去拼搏……

此时此刻，坐在电脑跟前，想想，心中是否还保留着承载希望的纸飞机呢？是不逝的纯真？还是小小的梦想？我想，纯真依然，梦想依然。

纸飞机在天际里飞过，留下漂亮的弧度又重新回到孩子的手里；心上的纸飞机，哪里又是你的下一站呢？想到了老师的那句话：有梦想就要不断向前奔跑，不管有鞋没鞋！是啊，如果我的纸飞机渴望明天，那我就让它永远地飞下去！

曾经，迎着朝阳，让手中的纸飞机在风中追寻奇迹；如今，迎着梦想的曙光，让心上的纸飞机飞向自己的天地！

轻轻地守望， 喃喃地自语，呀，都是纸飞机惹来的幸福！撩拨着小女生的感性神经，不经意地在嘴角，点染出一抹淡淡的笑意。是成长宣言？抑或青春希冀？管他是什么，纸飞机，永不落！

彩色羽翼唱响往昔的歌
无所谓风呼啸雨滂沱
远方的天无法猜测
不在乎结果如何
至少曾经飞过
弥永的快乐
白驹过隙
纸飞机
不落

——后记

我和玩具有个约会

刘竺岩

小时候，我曾经很幼稚地说过，不论多大，都要与玩具相伴。

长大后，每次来到一家陌生的商场，总会向售货员打听玩具柜台在哪儿。对方指路时基本上都会带着一脸疑惑看着我。我在玩具柜台间穿梭，身旁站着一些看着玩具挪不动步的小孩子们。偶然转头望向旁边的镜子，将近一米八的个头在小孩中间显得鹤立鸡群。个头不高的女售货员也许是注意到我的突兀，走到我面前，仰着脸以仰视的目光问我，“先生想买什么？”我暗自嘀咕，“十四岁就成‘先生’了，难道老了？”

我很尴尬地答曰：“不买，随便看看……”

售货员又是一脸疑惑，不再管我，转头俯视着几个小孩子，问：

“小朋友买什么？”

……

看得出我小时候很爱玩具，以至于人到青春还童心未泯。说好听点儿叫童心未泯，我那帮同学则直接说我这叫返老还童。

怎么说呢，随他们评论去吧。我还站在玩具柜台前，看着变形金刚奥特曼四驱车积木拼图魔方……还有小孩子们和被他们搜刮得囊中羞涩的爸爸妈妈们，最后拎着大包小裹的玩具轰轰烈烈地回家。

不由得想起了童年的我。

那时的我跟他们差不多，家里库存着大批的玩具，有的是表哥玩剩下的；有的是表哥的表哥玩剩下然后送给表哥再送给我的；甚至有妈妈小时候玩过的古老玩具。于是我在小屋里轰轰烈烈地翻，翻出一大堆再轰轰烈烈地玩。忽然想到《呼兰河传》中儿时的萧红在小屋里翻出各种各样有趣的玩意儿，玩过一阵后这些久不见天日的玩意儿便坏的坏扔的扔。我的情况也是如此：变形金刚变形之后不知为何卡住了再也变不回来；四驱车撞上了砖头四分五裂……

于是开始大批地扔。萧红找出的玩意儿是越扔越少，我的玩具越扔越多。大概这就是新旧社会的区别。大批地扔反而增加了我的购买欲，又大批地购进。于是在一段时间内造成了家被玩具填满的恐怖局面。譬如在屋里走路，一脚下去一声脆响，一个玩具就这么报废了。

但玩具的末日终究到来了。在我小学的某一学期的某一天，被玩具折磨得不堪重负的爸爸妈妈经过玩腻了玩具的我的授意，将全部玩具轰轰烈烈地用车拉到了表弟家。家里登时凭空多出大块面积，于是添置了盆景、沙发和书架。但玩具却从此销声匿迹了。

不知我的玩具们在表弟家安好否，或许业已被表弟送给了他的表弟。我大胆而不乏自嘲地想象：也许表弟的表弟会把我的玩具再送给他的表弟，然后循环往复生生不息，就像愚公移山一样，子子孙孙无穷无尽……

以后的几年， 我再没有玩过玩具。但我的兴趣转移到了电子游戏上。从超级玛丽到帝国时代再到网上的Cross fire。没玩成游戏高手，倒从两个眼睛玩成了“四眼”。回头想想，这段充满着虚拟的时光，并没有留下什么。

回头想想玩玩具的时候，我懂得了别人有的玩具我不一定有；我懂得了我不能去抢别人的玩具；我懂得了摔碎的玩具即使粘好也和原来的不一样；我懂得了我可以赋予玩具们生命，可以让它们拥有我所想象的各种能力；我懂得了如果没有人的陪伴，玩具只能是玩具，而不是伙伴……

这些，是童年时的玩具带给我的。

我还记得爸爸说他小时候的玩具是自己刻的木头刀和木头碗，玩儿的时候还得藏着掖着不能让大人看到。结果后来可能是因为隐藏技术不够好，玩具被爷爷端了老窝，尽数扔进灶膛付之一炬，颇有些当年秦始皇焚书的气概。

也许保守的家长们还在坚守他们固执的想法吧。正如鲁迅当年毁坏弟弟的风筝，他说这是“精神的虐杀”。

但谁又能否认玩具带给我的快乐和内涵呢？

离夏天最近的地方

陈钟瑜

夏天好似与我们若即若离，昨日的太阳照满大地，今日的凉风却依稀留着冰冷的气息。用手轻轻地触碰夏天，她却就这样消失在我的面前。

校园里的香樟树已经茂盛地伸展出一片片嫩绿的新叶，郁郁葱葱，一股活力四射的青春色彩点缀着校园，成为一道美丽的风景线。笔直的树干屹立在校园的两侧，就好像一颗坚韧的心一样。一股樟脑味的香气隐隐约约飘荡在属于初夏的空气中，好奇地一瞧，只见香樟树上开着一朵朵的香樟树花。没有玫瑰的妖娆，没有百合的纯洁，也没有牡丹的亮丽。只是这样静静地，静静地，在角落里默默散发着自己的香味。好似雪花瓣一般，绿色的茎叶中填充着一朵朵小小的黄花。它们有的还是一个含苞待放的小花苞，有的花瓣已经含蓄地张开，就像在小心地呵护着里面的花蕾，微微向里聚拢，不带一丝张扬，却又耐人寻味。

一路的成长就这样走来，青春，也恍然间变得越来越短。还记得刚走进校园时，站在香樟树下青涩的面孔，逐渐变得成熟，开始尝试渲染出自己的绚丽，就像香樟树的香味一样，久久弥漫着淡淡的却清新芬芳的青春之味。“柏叶即使投放火上，香气也会扩散四方”，我想，我们都在用最热烈的青春之火燃烧着我们。即使有那样的一天，青春已经化为乌有，但是，那股来自于青春最热情的味道，却会永远伴随着我们，亘古不变。

我们所看见的世界——香樟树是流动的绿色，阳光在午后变得透明，蜿蜒伸向所有它可以到达的地方，不远处的公交车站传来繁忙的声响，因为瞌睡而睡着的人，投下一颤一颤的影子。空气里绷着平缓而舒畅的节奏，像是永远停在了这一点，以至于完全不用考虑它的将来会演变出怎样的走向。如果，我们将所有的希望用来燃烧自己最完美的青春，即使最后一切都烟消云散……那么，也许它将永远带上香樟树的清香，以一个完美的截面，停留在这个离夏天最近的地方。

童年是一匹旋转木马

张颖旋

阳光烂漫在游乐园的每一处角落。各种各样现代化的游乐设施像是被罩在一层光环下，显得绚烂夺目。只有它，在这日新月异的游乐场中常常被人冷落，质朴凝重得像位老者。在四周的繁华与喧闹下，它显得更加黯然失色。每当它伴着那音乐拖着沉重的步伐时，我都会看见天边出现的一条轨迹，潜藏着爱的暗示，记忆着过往的一切。

孩子们来了，又去了，旋转木马起了又停了。它的生命在这一来一去、一起一停中彼此重叠，而我们的童年却在一首首音乐的尾声中渐渐消逝。又来了一群孩子，他们迈着鼓点般的步子。每一步，都好似音符。他们的单纯与快乐感染了我，我似乎看到了自己的童年，它被我的思绪从迷茫的回忆堆中找出，浮现在我的眼前：一个穿着粉色连衣裙，留着蘑菇头的小姑娘，在爸爸妈妈的带领下来到了这个自己梦想已久的地方。爸爸把她抱起来，让她坐在一匹白色的马儿上。她兴奋地笑了，差点儿从马上摔下来。就这样，她怀抱着自己的小幸福，书写着自己的小时光。仿佛在那一刻，她就会像灰姑娘一样拥有一双水晶鞋、一辆南瓜马车。尽管短暂，可却美好。音乐响起，马儿随着音乐“奔跑”起来，刚开始，她还有些恐惧于马儿的一起一伏；后来，她渐渐懂得了享受，她好像知道这样的日子有一天会消失得无影无踪，她好像知道这样单纯的快乐总有一天会变得纠结复杂。她随着音乐的节奏摇摆着，欢笑着……

猛然间，记忆被时光拽走，我看着眼前的这群孩子。真的想不到，原来的自己也像她们一样，那么简单，那么天真。看着这群孩子，我的心中涌起淡淡的悲伤：“他们这样的玩耍还多吗？”“这样的他们还会有吗？”是啊，成长只在瞬间完成，也许当它慢慢成熟时，我们还在以为是自己太过成熟。现在的我，可能再也做不到那样的单纯快乐，心无旁骛。各种各样的烦恼总会接踵而来，各式各样为梦想设计的路线越来越杂乱不堪，越来越多的快乐被我留在了过去，或者留给了未来。

那天晚上，我梦到旋转木马消失了。那里变成了一块空洞而又凄凉的土地。往日的起伏跳跃、明朗轻快，仿佛只在被几个遗落下的零件记录着。路人也没有因它的离去而提起什么，只有几个孩子还在询问着自己童年的梦。顿然惊醒，才发现这只是一个还未实现、还未发生的梦境，我相信，旋转木马总有一天会被丢弃，没有人会知道它所承受的孤独，没有人会再去用它完成自己的幸福。童年是一匹旋转木马，我们都将它骑在脚下，实现着那最初的梦想，大大的世界不是属于我们的天堂，我们只想拥有那属于自己的向往。旋转木马，我们知道你一旦偏离轨道，就很难找到。可我们依旧满怀希望地想再回到那为一次旋转而快乐的时光……

岁月长，衣裳薄

吴然然

喜欢过很多人，周杰伦，Justin，仓央嘉措，韩寒，肖邦，Ricky。

据说狮子座女生极为执着，但我却有着双子座女生的特点：三分钟热度。很少钟情一种东西很长时间。是新鲜感在作祟，总想尝试新的，总想遇见不同的事物。

其实也有过十分狂热的时段，欣赏过许多明星，在他们还没大红大紫的时候。只要看着他们干净的笑，心里便有种无法言语的欣喜。那时的自己总是希望他们出名，让更多的人喜欢他们。

可是终于有一天如愿以偿后，却发现他们开始变得很陌生。但或许我也从来没有了解过他们，谁知道呢。他们再没有最初所欣赏的澄澈直率，在金钱利益的驱使下，开始圆滑世故。他们学会哗众取宠。于是我不再试着接近，只是远远地望着他们在娱乐圈中爬得越来越高。

心里有一种火热的情感渐渐变冷，在光阴淘涤下，最终化为微笑的漠然。

每个人都有一颗柔软的心，或者说，有过。但每个小孩儿都会长大。而因为在成长历程中经历的伤害或疼痛，他们学会武装自己，将心披上一层又一层的盔甲。于是渐渐地，心便很难再次向人敞开，像是被厚厚的城墙包围着，固若金汤。

你的梦想，你的追求，你的坚持，你的透明呢？被你丢到哪里去了呀？你在汹涌而来的时光洪流中迷失了自己，是吗？你开始不再为谁哭泣，你开始明白没有人会永远让着你，你开始学会在这个声色犬马的世界中挣扎着生存。在一张又一张面具的保护下，让心百炼成钢，刀枪不入。

但是你的心会不会忽然因为某个人、某句话、某件事忽然坍塌，软化？不是华丽梦幻，而是纯粹拙朴，就这么简单地击中你的靶心。也许痛哭，或是安静流泪。能够哭就好，哭是开始痊愈的象征。你就这么毫不设防地哭着，在明媚的日光下，感受着指缝间温暖的似水年华。你一个人时，会不会看着街上繁华的霓虹灯，行色匆匆的行人，感到无助寂寞，然后在嘴角扯出一个自嘲的笑？

那些以为会天长地久的友情，是不是因为这个那个的原因，你的他的错误，还有年轻时要命的倔强，你们分道扬镳，不再亲密。若真是如此，请你微笑着点点头，然后把那惆怅深埋心底。对着当年站在香樟树下浅笑的清瘦少年，绽出怀念而温存的笑容。

那些闹闹哄哄的孩子，那些曾经在笔记本上一笔一画认真写下的浪漫言语，山盟海誓，那些牵着手一起走过的河边，还有那棵歪歪扭扭的小树，用小刀用力刻在树皮上的名字。那个在树下安静地听歌、乖巧睡觉的少年，我没有忘记。

那些透明的心，美好的笑，在记忆中开出了永不枯萎的花朵，随着青春的旋律，摇曳生辉。

岁月长，衣裳薄。你可否过得快乐？

别　离

高英发

不管是不辞而别，还是依依惜别，于我，都有心脏被饥蝗啃得千疮百孔的感觉。

奶奶的死，发生在一个寂静的深夜。漆黑的天空中星星悄悄地隐退了光辉，房间里的人都很安静，要么安静地流泪，要么安静地发呆，很久很久……

爷爷的话，有时候我听了总会不安。叫我买廉价烈酒时，他忽然冒出一句：“喝个死算了，下去陪你奶奶！”我赶紧埋怨他的胡言乱语，无意中瞥见他深灰色的眼珠——似乎满世界的寂寞都居住在里面，才发现，原来我一直忽略了他的孤单——都是由奶奶的死带来的。

大姐出嫁。车子来接的时候，妈妈在厨房里切菜。她转头看到大姐用手挽着婚纱急匆匆地下楼，刹那间眼睛就红了，但仍没有走出厨房——送别也需要极大的勇气，只好回过头继续切菜。她俩只隔着一屏落地长窗，于我，却觉得她俩遭遇了千山万水的阻隔。

听到大姐踩踏楼梯的声音消失后，妈妈忽然仰着头，停止了切菜，“呜呜”地哭了起来，像极了一个得不到糖果的孩子。我觉得又好笑又心酸，我想，大姐新婚的高跟鞋不只踩在楼梯和红毯上，也重重地踩在妈妈的心头上。

车子接了人，开走了。声音很响，因为车子也很欢愉。妈妈若有所失地缓过神后，急切地跑出大门看婚车离去，再背着所有人——潸然泪下。

二姐要到江苏读书了，我需要大半年才能再见到她。哥哥骑摩托车载我和她去车站。到了，她要自己去买票，不想麻烦我俩。我俩也没有强求要代劳。对于和我感情深厚的二姐，我只能目送，看着行李箱的轮子在车站的拐角处消失……

再怎么华丽的挥手姿势，再如何动人的告别言语，也除不尽别离的感伤！

哥哥去打工了，没有告诉家人，电话也打不通。但是，我总是不自觉地反复在手机按下他的号码，还有，拨号键……

我厌恨别离，但有朝一日，我也要离开亲人独自去闯荡。

生命，离不了别离！生命，更要珍惜团聚的时光！

我那行将渐远的初三

李　可

曾构想，应该以怎样华丽而又忧伤的辞藻，来矫情地凭吊我这即将走到尽头的初中生涯。但思来想去，绞尽脑汁却没绉出几字。于是作罢，终于换回我慵懒的口吻，以碎碎念的方式祭奠我行将渐远的初三……

曾幻想过，我的初三应该是来势汹汹，惊天动地，我周围的一切理所当然地应该随着它的到来而改变。就像在吃草的小兔，会因为步步逼近的脚步声，而惊恐得四处逃窜一样。可是，令我失望了。我的初三来得是那样的波澜不惊。仿佛一块石子投进水里，连水花都没溅几朵便沉底了。

是的，我承认因为“初三”这个敏感的字眼儿产生的变化有许多。最明显的是为了让我们安心备考，将我们送到了比本部条件差很多、但只有两个年级的分部。从此我们进出只有一个破木门的教室。我还很清楚地记得同学们第一天报到时目瞪口呆、恍若梦境的样子。但很快，这间见证了好几届初三毕业生的教室，终于也开始上演我们的故事。

我猜想，也许每个同学都在开学第一天许下了豪言壮语，说：“从今天起，我要以崭新的面貌度过我的初三生活！”也许是有人这样认真地去做了，因为下课时放眼望去，一大片人埋头苦干，当然还有一大片人在养精蓄锐（睡觉）。日子安安静静地过着……

平平淡淡的开头让人有种不过瘾的感觉，但事实上那不过是先给我们投下的烟雾，让我们在朦胧美中看不清即将来临的惨烈局面。正当我们陶醉于现状时，真正的初三也就粉墨登场了。

记不得是谁说过这么一句话："月考是翻来覆去地死。"至今看来确实是真理。我们在两次月考交接的缝隙中苟延残喘，还来不及回顾上一场战争的成败，就已投身于下一场战事的备战中了。刀光剑影，应接不暇。

各科老师都"好心"地布置一点儿作业，加起来就足够做到夜深人静的午夜时分。有同学说，作业就像前仆后继的日本鬼子一样，打死一个又来一个。空荡荡的书桌终于被书满满地填充，甚至有的同学已经用书在桌面上堆起一座小山，颇有"书山有路勤为径"的意境。

越来越近的中考压迫着我越来越脆弱的神经。空气中悬浮着的大量的水分子，总会因为一些小小的契机，迅速地集合起来，附在我的睫毛上，然后顺流而下。有这么一段时间，我看到划船，就会分析船桨是个怎样的杠杆，寻找它的支点，然后感叹一句："力的作用是相互的！"这些原本我觉得神经质的举动，没想到现在的我都在执行。尽管很累，很苦，但却给我一种莫名的真实感，好像命运这样抽象的东西就这样被紧紧握在手中了一般。不再是雾里看花，水中望月。

谁说初三的生活过得枯燥乏味？我们之中仍有童心未泯的孩子，给这平淡的初三添上了色彩缤纷的点缀。

这群调皮捣蛋的孩子和初一的小弟弟们争乒乓球台，导致我们班恶名远扬；这群活泼的精灵抓紧一切课余时间，为我们表演着欢乐的闹剧。我们才十五岁，还不够成熟，还是个孩子，就算生活有条不紊，可爱疯爱闹的天性也能使一切黑白单调的图画变得绚丽多彩。

初三就这样不知不觉地度过一半，有喜有忧，有苦有甜。这样的初三才是我的初三，不单调、不呆板的初三。

我那行将渐远的初三……

链歌是一首诗

张怡陈

雨星漫漫，纷纷落落，错杂中恍惚一世的沧桑，拓印在彼时的青石板上，模糊不清。

噼里啪啦声中，夹杂着车链与隔轴撞击的声音，“咔嗒，咔嗒”，像老奶奶唱久了的童谣，远远近近，回荡在青石巷里。爷爷披着暗绿色的雨衣，我歪着头，夹着冰冷的伞架，小手紧紧扯着自行车座，身子随着“咔嗒，咔嗒”的声音一晃一晃，咿咿呀呀地念着诗。雨星溅落在青石板上，跃起追逐着我的裤角。墙上蔓着的绿藤由爷爷那深绿色的雨衣中蔓延开来，向身后跑去。“咔嗒，咔嗒”声中，爷爷不觉间也开始前后轻轻摇摆起来，像是在为我念的诗打着节拍。雨声潺潺，细密的丝线模糊了石板墙，雨幕中，只有我和爷爷，伴着那“咔嗒，咔嗒”的链歌，穿过青石巷，踏上上学的路。

后来我长大了，骑着这辆不知有多旧的自行车上学，迎着晨光，那“咔嗒，咔嗒”的声音又准时响起，但此时的我却感到无限的厌烦，耳边回荡起同学们充满讽刺的笑声，不觉间更加地心灰意冷，心里也暗暗诅咒这早该下岗的车。

放学的时候下起了细雨，我单手擎着伞默默骑过石板路，空寂的巷子里，雨的细幕柔柔飘下，一切纷扰的微尘都随水流去，眼前又变得透明而模糊。恍惚间，我似乎又看到了那个背影，深绿色的雨衣身后坐着个小女孩儿，歪着头，别别扭扭地拉着车座，咿咿呀呀地念着诗。我加紧蹬了几步，想要追上那个影子，却发现身体不由自主地前后晃了起来，我才恍然，原来这是个上坡，蹬不动时，使劲儿踩踏板，身体也会随着用力而晃动。雨雾中的影子终于从视线中消失，而一层薄薄的雾却自我的眼中浮起，我仿佛看到那个老人，为了孙女早些上学，不觉间紧蹬了几步，虽然疲惫，却露出了如雨般轻快的微笑。雨中，那“咔嗒，咔嗒”的链歌依旧，而车上，却只剩下一个我了。

链歌，单调地重复着，“咔嗒，咔嗒”，像是爷爷在轻轻叮嘱着我什么，又像儿时念的诗，贯穿整个青石巷的静谧。远远近近的链声，竟也有那诗的平平仄仄。而它又何尝不是一首诗呢，五章十律，都压着一个“ai”的韵啊，悠远地穿过雨幕，希望我能长大，能够明白。

链歌，它的题目却不是留恋，当我有一天读懂了这首诗，就可以独自上路，独自成长，为自己撑一把伞，坚强地独自聆听，独自轻吟，这首爱的绝句，继续向前。

步行在你的皱纹里

我霸道地占有着你的爱，你也不舍地依恋着我。这仿佛已经成为一道公式，永恒的公式，横贯在我们俩中间。而这公式，成了我们沟通的桥梁。可我现在后悔了，与你在一起的时候，我总是不懂得尊重你，不知道好好对你；而现在，与你分离，才知道珍惜。你的岁数在我的童年中递增，你的皱纹也是被我的任性一道道画出来的，我就这样，一直行走在你的皱纹里，直到某一天，我长大了，你却老去了，永远地老去了。

春天的承诺

王　晶

初春的细光，明媚得扎眼，照到哪里似乎都是明晃晃的金黄。我和母亲一起到楼下的花园中散步，阳光透过枝叶斑斓地洒在母亲身上，就如同降落了一件耀眼的衣裳。

母亲的头发映射在阳光下，分岔的发梢在阳光下显得格外惹眼，我爱怜地抚摸着母亲已有些泛白的发头，说："妈，去弄弄头发吧。"母亲诧异地看看头发，然后满脸笑意地看着我，高兴地说："好，等麦苗发芽了，我就去弄弄头发。"

母亲又沉默了，看着脚下的土壤入了神，我知道母亲的心早就停留在了那片田野上。

春天是个美丽的季节，风摇曳着小路边柔软的柳条，就如同母亲那一头秀发轻轻飘舞。为了让我与弟弟念书，母亲起早贪黑地在田垄上来来回回地忙碌不停，而为了今年将上高中的我，母亲又发了发狠，一口气包下了三十亩的棉花。今年的春天来得晚，那些作物，该发芽的还没发芽，发了芽的，也瘦瘦弱弱的，顶着细小的芽片，时刻提防着倒春寒袭来。母亲在空旷的田地里，一遍遍浇地、插秧、播种，心里哪能放得下？

我看着母亲焦急的目光，一抬头望见母亲那被风吹乱的发丝，如同母亲零乱的思绪。我的母亲，曾有着那样年轻的容颜，那样柔顺自然的长发。我爱怜地望着她，终于说："你若放心不下地里的活，就去看看。"母亲说："你可是一个星期才回来一次呀，咱娘儿俩好容易有机会在一起说说话！"我捕捉到母亲为难的眼神，扑哧一下笑开了，说："我会和你一起去呀！"母亲像个孩子得到了糖果一般满足地看着我，会心地笑了。

一到地里，母亲似乎忘记了我的存在，只是自顾自地忙碌了起来，母亲在田野中来来回回地奔波，不一会儿母亲的背就全湿了，头发上挂着的一滴滴汗珠，在阳光下格外耀眼……

……

春天簇拥着母亲的发丝过去了，麦苗发芽了，我让母亲去弄弄头发，母亲说："等等吧，等棉花长结实了。"

氤氲的夏天在母亲飘扬的发丝中也即将过去了，棉花的花开透了整个季节，我再一次劝母亲去弄弄头发，母亲说："再等等，等棉花拾好了再去。"

秋天了，母亲拾的棉花堆成了一座座银白的山，母亲看到了丰收的喜悦，却看不到头上凌乱的发丝。

冬天又来了，飘落的雪花如同母亲鬓角的点点白斑，我依旧让母亲去弄弄头发，母亲却笑了笑说："咱不赶那潮流。"

那个初春的承诺，母亲一拖再拖。时光荏苒，也许真的如母亲说的那样，头发不必修饰，自然而然就好。

我已不再要求母亲去弄弄头发，现在，我帮母亲弄头发。

深藏心底的那朵花

安晓宇

老屋真的老了。

踏过青石板黛色台阶上的几簇苔痕，轻轻地推开那扇厚重而斑驳的木门，那段尘封的记忆也打开了。

“阿婆——”我微笑地看着院里梨木躺椅上那恬然的面容，苍老，却带着平和。阿婆颇为吃力地坐起来，“宁宁来了啊！”我满是欢欣地走过去。“阿婆，茉莉花开了吗？”阿婆那竹节般的手指伸过来，抚摸我的脸颊，硬硬的老茧，可心里却感到如此的柔润。

“开了的，可是现在已经见不到了，早过了季节了。”“哦！”我怅然地应和着，把目光偏向墙角的那株纤弱的绿——那株茉莉。

夕阳已经西下，提醒我该走了。阿婆拄着拐杖颤巍巍地执意要送我一程，在我一再地阻止下，阿婆停住了脚步，定定地立在那儿，宛如一帧剪影。于是，在渐渐流失的岁月里，那尊剪影一遍遍在记忆里浮现。清晰吗？却又仿佛隔着一层薄纱；模糊吗？却又似乎近在面前，伸手就可以触摸得到。记忆是个偌大的镜框，定格的瞬间成了永恒。我的孩提时代就是在阿婆抚慰的目光中度过的，她是我心中永恒的守护神。

又是深秋。如今我踏过院落里的一地梧桐落叶，那破碎的叹息，轻得像谶语。

光滑的梨木靠椅上没了阿婆的身影，换了一只蹲守在那儿的蟋蟀。秋风带来了阵阵凉意，我站在院子里，思绪万千。

我拿下黑纱上的那朵白花，把它插在茉莉花盆的黑色泥土上。真的像茉莉花啊，恍惚间，我仿佛嗅到了轻轻淡淡的茉莉清香，看到了阿婆慈祥而不语的温柔模样。

泪滴落在臂弯的黑纱上，迅速幻化成伤痛的回忆。我凝视着墙上阿婆低眉温婉的遗照，咬紧牙龈告诉自己：不要哭，阿婆还是像我小时候一样，我依赖着她，她爱护着我。阿婆没有离开，她只是搬到天堂去住了，和那些疼爱我的人在一起——那不是世界上少了一个疼爱我的人，而是天堂里又多了一个保佑我的人。

我抬起头望，天蓝得那么纯澈。一朵云，竟漫成了茉莉的形状。

那深藏心底的茉莉花啊，是我永世难忘的牵挂。

人海中那件白衬衫

魏心怡

父爱于我如同一个环形的塑胶跑道，我在跑道上风雨兼程、坚持不懈地追寻，最终还是回到了原点。缘于那件在人海中的白衬衫。

——题记

“爸爸，不行啊！你才带我去了一次，我还不熟悉路线呢！”我张皇失措、焦虑不安地哀求爸爸。

“没事的，半个多小时的车程对你来说没有困难。”爸爸的语气虽柔和却有一种不容置疑的严厉，我无奈地屈服了。

上个星期，在挚友的鼓动和好奇心的驱使下，我缠着父母帮我报名参加远在体育馆附近的奥数培训。从我家乘车到体育馆大约需半小时，下车后要经过一个据说常有窃贼出没的天桥，之后还需七拐八绕才能到达目的地，期间要穿过时有车辆风驰而过的马路。这种情况下，连一些五六年级的学长们尚需家长接送，何况我呢！可爸爸方才已在餐桌上不容置疑地声明今天不接送我，我愠怒地问他我的安全是否重要时，他却只是皱了皱眉，批评我光会瞎说！

由于没有“幕后援助者”，一切不该遗漏的东西我只得自己记好。收拾东西时，我眼前幻起一幅温馨动人的风景画——流金的阳光中，崭新的裙裾翩跹起舞，小女孩儿的童眸中飞扬着披了一袭金晖的风筝，前方，女孩儿年轻的爸爸牵着风筝在芳草上边跑边回头，父女的欢笑在如洗的碧空中斜织成一曲和谐的乐谱……

“快点儿收拾，要迟到了！”如诗如梦的回忆被一声催促打断了，若不是亲眼所见，我断然不会相信这声严厉的催促来自当年那牵着风筝的慈爱身影。我拎着沉甸甸的提包郁郁寡欢地出了门，在人头攒动的车站孤独地候车，周围都是一些挎公文包的上班族，还有几个一脸倦容的初中生，在他们中间我显得如此渺小，可不知为什么，此刻我心里却升腾着一种自豪感。

车来了，在即将上车时我漫不经心地回首一望，在马路对面的人潮中，一件明亮的白衬衫若隐若现，它领子上点缀的太阳光斑耀眼得刺痛了我的眸，晃湿了我的心。

我慌忙上车。

后来，在我漫长的成长之旅中，我得到了形形色色的旅伴的褒扬——

小学时期，排队时站在我后面的朋友说：“你真冷静，做操做错了也能有条不紊地改过来。”

小学班主任在我的报告书上留下这样的评价：你是个理智的孩子。

初入中学时，班主任给我的第一个评价是：“这是个勇敢的女孩儿，我一眼就看得出来。”

每当这时，我脑海里总浮现出那个瘦削而平添几许苍凉的身影。

犹记张牧笛曾说，人追逐目标的过程也不过是个圈而已，走了那么多圈，最后，还是回到了起点。那么，父爱是否亦如此呢？无论中间怎样风雨兼程，等待我的仍是起点。

因为，当年人海中那件白衬衫的主人，我知道是谁，除了您，还有谁的白衬衫能在那种情况下晃湿我的心？岁月不饶人，您已无法再为我飞奔着牵起风筝，而是激励我自己去像风筝一样搏击风雨，但我的线仍牵在您手中，您关心着我的每一次飞起飞落。

记忆里徜徉在碧空中的欢笑，是流金岁月里的深深梦呓。

走进梦的深处

岳海燕

奶奶回来了！

奶奶出远门了，她走了很远，我以为她不回来了，可是在这个青色的早晨，我看见她回来了，还是原来的样子，一点儿也没有变。我看见她踮着小脚，从外面的梧桐树下，一踮一踮地走了过来，还是那样的一边走，一边看着裤脚，生怕沾了灰尘。我问：“奶奶，你好吗？”她看了看我，没有说话，我想拉她进屋，她却坐到了门前的石阶上。我问她：“奶奶，凉不凉？”却看见她小心地对我笑。

我有点儿不高兴，奶奶不认识我了。

可是奶奶真的回来了。不知道奶奶走到了哪里，不知道那样的小脚怎样越过我们不知道的山山水水回来，仿佛本来没有走远，只是去邻居家串了个门回来。回来，是因为要做饭了。

她依旧挽起袖子，去洗青青的萝卜叶儿，依旧是用颤抖的手，去剥一棵没有干的葱，依旧是在高兴时，给我们蒸麻雀样的馍馍，依旧是满怀警惕地驱赶着那只馋嘴的公鸡，依旧是用喑哑的嗓子，唱她少时的歌谣，她用一生相信，她歌里唱的那个名字，还在这个世上活着。

奶奶，是那个歌里的名字，使你回来的吗？

那开着指甲花的盆子里，有金色的阳光，你看到了吗？青青的早晨，有玫瑰的味道，你闻到了吗？你看着我的眼睛，青色天空里飘着一片白色的云，那是谁的青春，在无望地飞？

奶奶笑了笑，说了句什么，我没有听清，就不说了，清晨的风里有清亮的唢呐声声，好像从过去的某个日子里，破空而来。小狗汪汪地叫着，谁，是谁，夜里穿越幽深的小巷？

我有点儿不高兴，奶奶不认识我了。

可是，只要奶奶回来，就好。

人来人往的小街依旧热闹，白天是那样的短，仿佛在眼皮流转间，一生一世就那样过去了一样，黑夜很快来了。星星在天上乘凉，槐树的浓荫里，我又看到了奶奶。奶奶搬了个小凳儿，在树下玩儿，黑色的辫子，仿佛比一生还长，我看到她把带香味的叶子贴在额头，闭着眼睛笑。我看到天边有颗金色的星，闪啊闪的仿佛谁跳动的心，我看到灯火里无数起舞的生灵，美轮美奂，轻舞飞扬。我问奶奶，你回家吗？奶奶摇摇头。

我有点儿不高兴，奶奶不认识我了。

奶奶回来了，却不认识我了，我不高兴。奶奶不认识我了，但毕竟回来了，我不难过。

但我在每个清晨的时候，都会醒来。

我不愿醒来，因为一醒来就会明白，世上没有一条路，能让奶奶回来。

午夜的守候

陈雪玲

从小，我就一直待在妈妈身边，没有出过远门。转眼已到了上初中的时候了，我很幸运地考上了县城一所很好的中学，是一所封闭式的寄宿学校。好几天我都兴奋难眠，终于能走出山村去看一看外面的世界了。但妈妈却没有那么欢喜，她说我从小没有离过家，这次自己一个人在外面，怕我不能好好照顾自己，会饿着、冻着了。为了让妈妈安心，我就和妈妈约定每星期的星期一晚上九点一定给她打电话。

那时，我和妈妈的通话都是由我先说一下校园生活情况，然后妈妈再说说邻里的新鲜事、家里的近况。通话的内容很简单，但妈妈却把这天当成了一个重大的节日。

我们村大多数以茶为生，近些年茶叶也卖得不错，所以日子过得也不算很艰苦。大部分的小孩都能够上学，但很少有人去县城读书，很多人都在镇上念中学，有的甚至连初中也不念了，所以妈妈一直以我为荣。每星期一这一天，妈妈总是早早吃过晚饭，坐在电话旁，静静地等待我的电话。

不记得那是哪个月了，只是在记忆中那是一个寒冷的冬夜。那一天刚好学校放假半天，我和同学一起去逛街，整整一下午，玩得不亦乐乎。回来时，已是筋疲力尽，像泄气的皮球一般。一回到宿舍倒头就睡，睡得昏天暗地，雷打不醒。直到晚上醒来时，已是十一点多了，这才想起要给妈妈打电话。可又转念一想，这么晚了，天气又那么冷，妈妈肯定睡觉了吧？同宿舍的同学也劝道：“算了吧，你妈一定睡了，你打过去会吵醒她的。”我想想也是，妈妈不会因为没有接到我的电话就傻傻地在客厅里一直守候吧？

于是，我又钻进温暖的被窝，但却辗转反侧怎么也睡不着了。脑袋里浮现出妈妈的身影，在寒夜中她是否进入梦乡？是否在埋怨女儿没有给她打电话？没有接到女儿的电话，妈妈又是如何落寞地回到房间睡觉……所有一切都让我惴惴不安，妈妈的身影一直在脑海里回旋。

辗转反侧中，一个激灵，我还是跳下床，奔到楼下电话旁，拨通了那个熟悉的电话号码。电话那头传来妈妈急切而又兴奋的声音：“宝贝，我就知道你会打电话回来……”

在妈妈的絮叨声中，我早已泪流满面。此刻，外面夜色茫茫，寒风正呼啸着，而我却如沐春风般温暖。

那个叫“父亲”的人

杨慧华

冷风刺骨，卷着残叶。他立在风中，蜷缩着身子，牙齿忍不住上下打架。

学校真是疯了，定在今天开家长会！老实说，他不希望爸爸来，说天气不好、路途遥远只是个牵强的理由。他不希望父亲来，是因为父亲那张地地道道的农民脸：一脸枯黄，年纪不到四十就已皱纹满面，就像饱经沧桑的老者；一身行装也是简单到不行，一看就知道是个土里土气的庄稼汉。他明白父亲这样省吃俭用都是为了他，可那隐隐作怪的虚荣心，老是让他难以接受父亲这个形象。

他还在呆呆地想着时，父亲已经骑车到他旁边了。刺耳的车鸣声让他回过神来，他一看，是父亲。

还是那黄巴巴的脸，头发有些凌乱，几根银发被风吹得竖了起来，荡在空气中，刺疼了他的心。他又心生怜悯了。他看着父亲的眼睛，布满了血丝，鼻子还红通通的，他先前那些对父亲的挑剔已不复存在了，只是觉得鼻子酸酸的，很不好受。

“爸，你……大冷天的，怎么不坐班车来？”

父亲却咧开嘴笑了，像个小孩子：“就……就今天起晚了点儿，赶不上车，就自己骑摩托车来了……”他一边说，一边拿出从家里带来的棉衣要给他穿上。

他伸手接过棉衣，抱在手上。哪是什么赶不上车，分明是想多节省几块钱罢了！他觉得有些悲凉，但却什么也没说。

他是在学校外等到父亲的，等停好车，他挎着父亲的手走过公路，不时提醒着：“过公路要小心车，这是城市，车多，不比在家……”

小时家穷，父亲从来没有读过书，开家长会时老师说普通话他根本听不懂。散会了，父亲才壮着胆子走近他儿子的班主任，小心地问了声：“我孩子，就是王小振，这次考试考得怎样？”

班主任一回头，看到那张脸，显得很意外，但似乎明白过来了，欲言又止，转而面向教室：“王小振同学，请你过来一下!”

他被叫了过去，其他学生和家长都走了。老师的意思不过是要他亲自告诉父亲自己的成绩，因为他是这次考试进步最大的一个学生。

他拿着成绩单，尴尬地看了看父亲。父亲脸上是花一样的笑容，等着他念成绩。他清了清喉咙，念了起来：“语文一百二十，数学一百二十九，英语一百三十三……”他念着念着，鼻子一酸，眼泪竟哗哗地滚了下来。一个十六岁的男生，竟在老师和父亲面前哭了。

父亲吓了一跳，赶紧站起来，“怎么了，不是考得挺好的吗？别哭啊……”

他真为父亲感到不值，一辈子没念过书，连孩子的成绩都得别人来说；他真为父亲感到难过，一辈子省吃俭用，就为了儿子的学业，这值得吗？他真为自己感到羞愧，父亲这么辛苦，他在这儿却不是很用功念书，老让父亲操劳不说，还常对他挑三拣四……他哭了，说不清是为了什么，只是莫名的，有种压抑了很久的感情，一控制不住，就流淌出来了。

他赶紧擦干泪水，向父亲笑了笑，然后看看老师，又大声地、激昂地念了下去：“政治九十三，历史八十七，化学……”

他没有注意到，父亲的眼里闪着泪花，笑得正如一朵盛开的百合花……

不曾改变的那双手

李兴旺

我与父亲虽说生活在一起已经十几年了，但我始终看不清他的心。

记得那年秋天，家里要盖房子，正是忙忙碌碌的日子。正好放秋假，我从学校回来打算同父亲一起干活，但父亲知道我的用意之后却说：“你还小，好好上你的学，家里的事你甭管。”

开工那天，父亲早早地就起来了，我起来看时，父亲早已推着小车拉石子了，看他满头的大汗，花白的头发成了一绺一绺的，我的心里一阵酸楚，发现父亲真的老了许多，我想我该挑起家里的重担了。

等工人来的时候，父亲已经把满满一堆石子推完了。

开工已经十几天了，房屋的框架结构已经完成，一家人都十分高兴。

一天傍晚，父亲坐在新房的台阶上，默默地吸着烟，我走过去，想和他聊聊天，但一不小心摔倒在父亲的面前，他赶紧将我扶起，此时的我感觉他扶起我的那双手像一块石板似的，非常坚硬。看看父亲的手，粗糙而结实，一条条蚯蚓似的青筋蜿蜒在手背上，好像在证明他艰辛的过去。我的心一颤，眼泪在眼眶里打转，继而不争气地流了下来，父亲一看，以为是摔疼了，赶紧说：“我看摔哪儿了？严不严重？你咋不小心点儿？”

新房很快就盖好了，显得非常气派。父亲每天都要看一遍房子，看看哪个地方是否有裂缝。隔天，父亲就用手敲一敲，敲击的声音大而清脆，也许是因为他那双结实的双手吧！又隔了一些时日，房子干得差不多了，可以入住了，我们全家都很高兴，尤其是父亲。

我们全家住进了新房，父亲非常小心，不让我们在墙上乱刻乱画。“呵，咱们的房子真够高！”此时的父亲，一脸的喜悦，高举着双手，那手仿佛是一面胜利的旗帜。父亲的双手，仍是那么的粗糙。我只在心里默念着，这座新房是靠父亲的毅力和他的双手盖起来的，这是父亲的心血，我应更加爱惜他的劳动成果。

我长大了，父亲也老了很多。

岁月更替，可始终不曾改变的是父亲那一双勤劳的手！

母亲的白发

廖超颖

一勺一勺地将香醇的稀粥送入口中，我安静地享受着早餐，你收拾完厨房在卫生间洗漱。

不一会儿，你唤着我："颖子，又有白头发了，快来帮我拔掉它！"我应着，来到你身后，秉着"快准狠"的原则拔掉了几根白发，你疼得倒吸了一口凉气，喃喃着："唉！老了就是老了，白头发越来越多了！颖子，妈是不是老了？"你这前肯定后疑问的句式让我发笑："呵呵，哪有！谁说我妈老了，还年轻着呢！""真的吗？"你的眼里闪过一丝喜悦。"那当然是真的！"我生怕你不信似的，盯着你的眼睛说，"你上次去开家长会，我们班同学都说你又年轻又漂亮，还问我你是不是老师，你瞧你多有气质啊！"你的脸上浮出两片红晕，有点儿害羞地说："你就会哄我！"我嘻嘻地笑了。

突然有一种冲动想抱抱你。于是我就伸出双手，从你身后慢慢地抱着你，把下巴抵在你的肩上。你宠溺地弄乱我的头发，微笑着说："这么大了，还撒娇呢！"我幸福地笑着，接着说："我同学都说我们像是一个模子里刻出来的，我们真有那么像吗？"你显出一副自豪的样子："你看，你这眼睛、这鼻子、这嘴巴，哪点儿不像我，还有你的梨窝也是我遗传的呢！你是我生的，不像我像谁？"我又笑了，回想起小时候，我天真地幻想我不是你的孩子好不受你的约束，但随着日子一天天过去，看着镜中的我和你越来越像，我就彻底地打破了那个幻想。

思绪回到现在，我端详着镜中的你：还是我熟悉的脸，只是眼角的鱼尾纹明显了起来，皮肤也有点儿黄了，手指的触觉告诉我：你的手不再像从前那样光滑细嫩，更多了厚厚的老茧。

我鼻子有些发酸：我还没长大，你怎么就老了。突然想起，之前你不顾我的拦阻反对，非去染烫了头发，本以为这是“爱美之心人皆有之”的表现，现在想来，其实是你怕老了吧，你是不是想用这样的方法来安慰自己其实还很年轻？十六年，十六年过去了，我竟忘了你也会老的。从抱着你的双膝到高过你的额头，我在你的眼中一天天地长大。为什么，为什么我只回了一次头，我曾经最爱的你那乌黑的秀发，就已经隐着几缕银丝。

你用肩膀碰了我一下，问道：“想什么呢？那么入神！”我缓过神来：“没，没什么！”你转过身来看着我，用手轻轻地抚摸着我的头发说：“你都这么大了，我哪能不老呢！初三了，你一定要好好学习，等你以后长大了，有出息了，妈做什么都值了！”“哦！”我应着，快速地走出洗手间，到餐桌上拿起勺子吃饭。

在稀饭冒着的热气里，一种难以名状的液体，带着无比炙热却又丝丝的冰凉，自我的眼眶簌簌落下……

此生，有天使陪伴

高丹

一直以来觉得自己平平凡凡，生活平平淡淡，未来平平庸庸，消极而又不甘。但想到有视我胜于生命的你们，我不可否认自己是多么幸福。

在学校求学的过程中，我欣逢了很多出色且让我敬佩的同学。时常感叹天地间能人恁多，惆怅自己才不如人。于是我更加努力拔高自己，很大程度上是希求某一日你们因着自己女儿的闪光而骄傲。

当恼人的孤单感向我全身袭来，想到在这个世界上还有你们在远方关心着我的饥饱冷暖，就会径自涌生一种坚固的力量助我战胜这艰涩的时刻。

我相信，如果自己在做人处事上尚有优点的话，那必定是从你们那里继承而来，诸如善良、真实、勤劳、感情丰富这些永恒的品质。我以是你们的孩子为荣，这是从不曾改变的，未来也更加坚定这一点。

别的很多父母都对孩子说“好好学习，好好学习啊，填饱这一副皮囊”，而你们却只是简单地告诉我“不求富贵与显赫，只求一颗丰满的心”。这话你们对我说了很多年，我也信了很多年。如今大考迫近，我依然能保持住坦然的微笑。

也许你们日渐感到我不如小时候乖巧了。是的，也许我不再和爸爸蹬着三轮车去市场卖书，不再和妈妈手挽着手出门；甚至有时候以大人的口吻责怪你们无心的举动，但长大之后我对你们的爱多半是放在了心里。是的，心里。

有时我会莫名地难过，可能是因着发现自己介入不到你们的谈话、你们的世界。有时又疑心你们对我好过之后就是冷漠。这兴许不怪你们，这是我自己变得敏感多思的缘故吧。

前一阵子不知为何，我头疼得厉害，走路爬楼、蹲下起身的时候，我都会莫名地恍惚一下，然后头剧烈地疼起来。住宿真的不比在家，如若在家，一丁点儿不舒服，你们也会引以重视。一旦没了你们在身边，我时不时就像折翼的鸟，连本能的飞行都进行得很困难。

有一天，妈突然问我住校久了回家来会不会感觉和父母生疏，我开玩笑般淡淡地回了一句："生疏，可生呢！"后来回忆时追悔莫及，不知妈是否怕唯一的女儿和自己不亲了，故而来试探着问问，结果却把我的玩笑话当了真，会以为我们之间因离得远了分得久了而生疏起来。

其实，不是。因为离家的日子，我很想你们。我知道你们也是一样。

不论我曾对你们说过多么不肖混账的话，做过多少固执的事使你们伤心，请相信，那都是情势所逼之下超出本愿的举动。

很多人都像我一样相信：上帝会派天使来辅助我们在人间的生命行程。人们甚至用尽一生的力量去找寻那所谓的"天使"。我庆幸，我已找到，或者本不需找寻，因为上帝派来的天使，一直都在我身边，始终如一，尽职尽责。对我而言，你们就是上帝派来的天使，有你们的存在，我才有了幸福的权利。

你们是我永远报答不尽的父母亲，我是你们永远不够完美的女儿。

但是，我会努力的。

我爱你们。永远。

蓝色的脚步声

郭明月

我是否还没来得及和你说一句话，你就已经被时间老人一起带走了。时间总是害怕迟到，害怕时间老人用古老的戒尺敲它的指关节，所以就提前跑到他们约定的场所等待时间老人颤巍巍地带着一大堆的东西走来。

我是否没有和你说过一句话，你就已经离我而去？看着妈妈哭红的双眼，我只是感到惊讶而已，紧接着知道你已经离开的消息，也没有过多的悲伤，一开始只是认为和你不熟罢了，因为小的时候一直都是外婆带我的。可是后来外婆告诉我，我一直是你从小带大的，我们之间的情谊本来应该是最亲的吧，可是为什么会变成这样？

外公，你在天国还会为我的任性而感到着急吗？蓝色是你唯一留下的纪念品，每次去你家你总是准备了一大堆的“蓝色”，有时是一根冰凉的冰棍，有时是一个酸酸的蓝莓，有时是一把蓝色的小伞……颤颤巍巍的脚步声总是在我身后响起——它们是为我单独奏响的吗？

在这个人情已经淡化的城市待了差不多八年了，我无法做到“古仁人”那样“不以物喜，不以己悲”。有时候看到天空的时候会突然想到你，有时候看到一把蓝色的雨伞就会觉得心变得很轻，偶尔翻相片的时候看到一件蓝色的衣服便会有一种怀念的感觉，但遗憾地发现那么多本相册中居然没有一张你的相片，猛然得知自己开始渐渐地淡忘了你的容颜。

每当我生病时，你总是无微不至地照顾我，对我嘘寒问暖，让我战胜病魔；每当在学习上遇到难题时，你虽然帮不上我什么忙，但总是鼓励我要有耐心去发掘；每当我睡觉时，你总是时不时地到我的房间看我有没有盖好被子。

其实有好长一段时间我不敢看天，不敢接触蓝色的东西，我害怕在这些蓝色上附着你的灵魂，我害怕你会责备我不知感恩，我害怕你会大度地包容我，我害怕你会原谅这本不可原谅的我。但是现在的这些已经太遥不可及，只能留在我的回忆里。

小的时候看见有些运输车上有一个雨伞的标志，你告诉我那是表示里面装的东西是易碎品。我指着蓝色的天空，问你我是不是应该在天空的外面撑一把蓝色的伞去保护她，你笑着帮我梳着头发，没有说话。

那蓝色，明澈如天空，让我的视线不敢移开，永远都不敢移开。

还有那单独为我响起的脚步声，在我的记忆里画上了一把蓝色的小伞。

母亲的剪影

施可人

也许吧，真的很久没有仔细观察过母亲了，观察父亲在外而一人撑家的母亲。即使到了暑假，早上我醒了，母亲早走了；晚上，不是看电视，就是玩电脑，看书，做作业，注意力从未放在母亲身上过。倒是一个雷电交加的夜晚，让我重新审视了母亲，更深刻地体会到平凡母亲伟大的爱。

下午，正在新华书店里看书，回去的时候见天阴沉沉的一片，好像要压下来似的。这使我第一次觉得杞人忧天是有理由的，心里真的有些忐忑不安，好像要发生什么事似的。

晚上，果然下起了雨，还刮起了风。风呼呼地刮过窗户，发出吱吱的响声，雷声也从远山隆隆地传过来。

记得小时候，每当打雷下雨时，妈妈总会用手小心地捂着我的耳朵。

而今，不知是我的叛逆与忙碌拉开了和母亲的距离，还是母亲真的有些老了？

……

听着外面越来越大的风声，原本老旧的窗户似乎也摇摆得更加厉害了，我真的感到有些害怕，怕窗户会一不小心被风吹开。我赶紧去找妈妈。

妈妈看了看摇摇晃晃的窗户，立即拿来了锤子和钉子，准备爬上大约两米高的窗沿加固窗玻璃。我不禁有些担心：外面风雨这么大，妈妈不会有事吧？于是我对妈妈说："妈，这样太危险了，还是先用胶布贴一贴吧。"可妈妈说："用胶带固定不住的，还是我用钉子固定吧。再说那么多年都修过来了，也'久病成医'了，没事的。"

只见母亲站到了桌子上，又在桌上叠了一把椅子，站了上去，趴在了窗边，开始一锤一锤地钉窗户。窗外的雨噼里啪啦地打在窗户上，我不禁有些心疼：这要是打在妈妈身上，该多痛啊！

忽然一道闪电把天空劈成两半，霎时把整个房间照亮了，随后又是一阵阵雷声响起。

或许电闪雷鸣真的能给人很大的震撼吧。在闪电照亮房间的那一瞬间，我分明看到了母亲的脸被照得雪亮雪亮的，把她的身影定格在一片黑暗之中。定格的那一幕，我真切地看到了母亲的沧桑：眼角的皱纹似乎比以前更深了，脸似乎更瘦了，背似乎有些佝偻了……这一切，都是生活压迫的吗？想了很久，我终于明白，原因不是别的，正是母亲对我的无私付出与我的熟视无睹造成的！

之后，母亲敲打钉子的声音，雨打在窗户上的声音，雷声隆隆作响的声音，一起重重地敲在我心上，很重很重，很沉很沉，很久很久……

看着母亲那么危险地为我修着窗户，我却只能在一旁不知该做什么，心里真是五味杂陈……

或许吧，我该感谢这个雷电交加的夜晚，感谢黑夜与闪电送给我母亲的剪影，让我那么深沉地感受到母亲的爱。

我想我没有《黑暗的剪影》里那位手艺人那么高超的技艺，能将黑暗剪得栩栩如生，更不用说如此温暖伟大的母亲了，我只能小心翼翼地用我的笔描绘出母亲的剪影，并将它烙印在心，在今后，用我的行动为它绘上色彩！

父亲的指甲

孔　宁

正午时分，我肚子饿得直打雷，从电动车后座上蹦下来，父亲拖着车子去仓库，我则匆匆跑上五楼。我漫不经心地打开电视机，慵懒地半躺在沙发上，揉着从早上就蒙眬惺忪的睡眼，盯着电视机中五彩的广告消磨时光。

母亲正在厨房做饭，哗啦啦的水声捣乱了我的思绪，母亲搓着手走向我，大惊小怪地喊："回来了啊？"

电视里正播放做美甲的教程，我无暇分神，应付着点点头。

母亲挡在电视前，轻嚷道："你爸早上送你去学校回来的时候，被一横冲的单车撞了！"

四方形里五颜六色的指甲油涂涂抹抹，很快变得圆润而显得有亮泽，我对母亲的话似听非听。

母亲喊道："你爸……他指甲掉了！"

母亲话音落地，我松弛的神经瞬间绷紧成一张弓。看见母亲的表情僵在脸上，我一愣，扭头一看，父亲早已在一旁埋着头扒饭。

我刚想说什么，父亲却先开口，笑着说："吃饭了，快点儿过来！"

我默默地走过去，瞥一眼父亲的手指，却不经意间瞧见父亲微笑的弧度，心中一阵愧疚。吃着饭，我心虚地望着吃得很香的父亲，吞吞吐吐地试探着问道："爸，你手怎么样了？我看看。"

父亲的笑容硬了硬，将手缩回，摇摇头，说："没事没事。贴上创可贴了。就是蹭着了，没大碍。"

几粒米从他嘴里掉出来，粘了一颗在嘴角，我用手将它拭去，轻轻地携起父亲的手。"爸，没事吧？"我轻轻地捏着他的手指，变了形的创可贴像一层纸贴在指甲上，我想要给爸换一个新的，便慢慢地将它撕了下来。很快，一只蓝色的手指头出现在我的面前，靛蓝深紫，像被挤扁了的葡萄，指甲颤巍巍地倚在肉上，仿佛随时都会掉下来。我心里一颤，咽了一下泪水，忍住没有哭出来。我拿出一个新的创可贴，一层一层小心翼翼地缠在父亲的指甲上……我的脑海里浮现出父亲为我做的一幕幕：因为作业太多，自己又喜欢写日志，所以经常会熬到深夜。父亲不忍心早早叫我起床，为了让我多睡会儿，他宁愿自己骑车送我也不让我坐早早到家门口的班车。他总是说："多睡会儿吧！可不能让自个儿闺女变成熊猫！"

但因为是初中的学生了，很少有学生由家长接送，仿佛那已成了没有离开襁褓的儿童的象征。我也总是羞于被同学看到我这么大人，还要家长送到学校。每次放学，我都早早地跑出校园，似乎是在告诉父亲自己为了少让他承担夏日的炙烤和冬天的雨雪。可是实际上，我却只是碍于个人情面，躲开他人奇怪的视线……我是这般爱慕虚荣，竟枉费了父亲的这般爱意！

午饭过后，我又埋身于作业中，父亲试探着上前，"烘透了的，吃了吧。"边轻声说着边递给我一个猕猴桃。软塌塌的果肉黏附在果皮上，父亲托着底端，喂我吃。我一口咬了下去，果肉像果冻般，一点儿一点儿地融化，也流淌到父亲的手上。他的手瞬间沾满了汁液，很快蔓延到了那个受伤的手指，他险些叫出来，可是仍一动不动地捏着猕猴桃。我突然意识到什么，一个激灵向后退，父亲却笑着看我，仿佛一点儿也不觉得疼痛。我吞咽下了果肉，任它们在口里打转，看着父亲的眼睛，原来父亲的心底也如这熟透了的猕猴桃般柔软，一触即化。我的心也如冰封的泉水在瞬间沸腾，所有对于父亲的愧疚、感动一起涌上心头，化作眼角的泪水，悄无声息地流下。

原来，一直以为父亲是自己最可靠牢固的堡垒，是永远不垮的碉堡，也像极了手指上最坚硬的指甲。我总是这样觉得，也总是这样一味地依靠……而如今抚摸着父亲的那双大手，看着他历经风雨侵蚀磨损的指甲，突然明白，原来在这坚硬的外表下也是柔软的血肉啊！

一花凋落，一花绽放

我们在寻找急流奔去的方向，也许这就叫潮流。潮流在变，流过的水在滋润着每一颗种子。于是我乐观地看着这些刻下过激情烙印的种子生根发芽，我看到一朵花在绽放，美而不艳，傲而不戾。

绽放的这朵花叫——“青春”

一花凋落·一花绽放

——青春絮语

刘竺岩

不知不觉，有什么东西在改变。我曾经不知所措，亦曾迷惑；但细细想来，改变的无非是一朵花的凋落和一朵花的绽放罢了。

——题记

花，凋落

不知何时起，我们不再像从前。曾经是一群无私、无邪、无猜的伙伴，曾经一起走在路上；但是，有人中途退出，有人中立观望，有人继续前行。很多人都变了，并不是尔虞我诈，只是我们之间不再那么透明。曾经活泼的人变得沉默，曾经沉默的人学会了强颜欢笑。他们在变，我也在变；我不只是以一个旁观者的身份在看着他们变，我知道我自己也在变。也许是当局者迷，也许是旁观者清……处在这个圈子里的每一个人都是当局者也都是旁观者。

就是这样，每一个人既在注视别人也在被人注视——这是时间带来的。一位朋友在作文里这样写：“我站在时间的路上，我没有动，路却在飞过。”是的，我们都没有动，但是路在动，景色在变，所以我们的内心也在因景色的变化而变化。

春去秋来的时间会使花凋落。于是我看着身边人的变化，悲观地注视着曾经最美的花凋落，一片一片，归于尘埃。

凋落的那朵花叫——“天真”。

花，开过总会凋落

忽然觉得，不必为凋落的花而独自悲伤。因为花开总会有花谢。

时间在走，总会有人变化。不过是我们主观地把这些现象冠以“叛逆”“轻狂”“波动”。当局者和旁观者们都是在注意着有没有人离开，有没有人背叛，于是人与人之间就变得不再那么透明。其实不如把这些归结为“天真”那朵花凋落的副作用吧。

看，时间在流逝，花在凋落。不变的永远是变化，只有努力去适应，才能找到变化中的不变。

一朵花凋落，还会有另一朵花绽放。

花，绽放

我惊异地发现，一种激情似乎正在迸发。我不再畏畏缩缩，而是大胆地展示……我在为我梦所在的方向而努力，虽然苦，虽然累，但无论如何，我不会停止，因为我看到它就在前方。

有人称这些是年少轻狂，但谁又能摆脱这轻狂的年少时光。

我们可以开心，可以伤心，可以用拙劣的方法掩饰遇到的问题，我们也可以用顽强的毅力去扛起沉重的担子，只因我们有澎湃的激情。

我们在寻找急流奔去的方向，也许这就叫潮流。潮流在变，流过的水在滋润着每一颗种子。于是我乐观地看着这些刻下过激情烙印的种子生根发芽，我看到一朵花在绽放，美而不艳，傲而不戾。

绽放的这朵花叫——“青春”。

花，绽放就要精彩

无论我是否还在留恋凋落了的那朵花，这朵花都绽放了。

我知道这朵花想绽放得美丽绝非易事，我要忍耐，要努力，要辛苦，要克制。我想：既然开放，就要精彩。

所以，我在努力，我在用心对待每一个人，每一件事。我惊异地发现，当我伤感于凋落时，与别人的隔膜早已消失，取代以沸腾的热血和真诚的心。

于是我们像以前一样亲密无间，少了些小打小闹，多了些了解与安慰。我爱上了文字，喜欢把我们的故事记录下来，刻成回忆。我们在努力地记住每一个欢乐的瞬间，每一次共同的努力。

我发现，其实每一朵花绽放时都是一样的美。

青春怒放，活得精彩。

回　　味

陈圣鋆

每次不经意地回首，总会有些什么轻轻地敲打我的心弦，令我回味无穷。

——题记

炎热的夏天，似乎总有无尽的火在燃烧。水分蒸散，连那些树叶都蔫了，打着卷，上面满是尘土。连同小城都灰蒙蒙的。站在窗前，却想起前年的一幕。

傍晚的时候，天边涌来层层乌云，厚厚的一层压着人们的心脏，气氛显得十分压抑。路边树上的叶子互相摩擦着，发出“沙沙”的声响。终于，第一颗豆大的雨点从空中落下，溅在地上，激起地上的尘土。雨点便接二连三地掉下来，地上很快就湿了，不知哪儿飘过来一张纸，被风载着，在空中飘忽不定，一会儿贴东墙，一会儿粘西墙，又被风给拖离了我的视线。

雨似乎是长了脚的，一直在奔跑。人们安睡了。雨下了一夜。早晨醒来，雨丝却也淡了。

透过窗户望去，城市已被清洗，满眼新绿。远处田地里的黄豆叶更是绿得快装不住而溢出来了。田边小河里的水上涨了很多，足以见证昨夜的雨有多大。楼下的常青树上，叶子变轻了。灰暗的尘土已被清洗干净，留下那翡翠般的绿，汇聚成绿的海洋。树叶随着清风翩翩起舞，彰显青春活力。而一直缠在树干上的丝瓜藤也变得精力十足，那娇嫩欲滴的小黄花竟绽放开来，并没有被昨夜的风给吓倒，没想到娇嫩的小花竟有如此大的气魄，竟不惧狂风暴雨，反在风雨中挺起胸膛，肆意绽放。雨似乎被小花的气势吓倒，反显得更小了。

抬眼，雨中的一个身影映入眼帘。这是一个老人的背影。他穿着洗得发白的衬衣，还有一条墨黑色的裤子。头发已花白，扣着一顶旧凉帽。我虽看不到他的面孔，却能感受到他衣着下饱经沧桑的身躯的强健，感受到他遇人便点头打招呼的乐观。雨虽很小，路人却都打着伞，匆匆走过。唯独老人没有打伞，走得缓慢。他的衣襟已经微湿，却不在意。老人的步履沉着镇定，是那么快乐。

看着老人的背影，我不禁想起经历了一夜狂风暴雨的小黄花。似乎，这小黄花与眼前的老人有着共同的特质。不然，他们怎么会都那么淡定，好似闲庭信步。

老人默默地走着，那瘦弱的身躯竟然高大起来，而老人面对风雨的淡定、乐观也映入我的心海，成为我心中风雨后的小黄花，静静地绽放在我的脑海，成为不可磨灭的美好回忆。

乌云终是遮不住太阳。不一会儿，太阳的金色丝线散落大地，残留的雨滴折射出五彩的光辉。丝瓜藤上的小花开得更艳了。

如雪流苏

邢伊琳

菊，花之隐逸者也；莲，花之君子者也；流苏，花之仙姝者也。

错过了群芳争妍的时间，暮春，漫步在农大校园，惋惜那逝去的落红，满眼的绿意未免单调了些。走到农大文理大楼一隅，舞动的白色倾泻在眼前。一树洁白的花朵，随风摇曳，如层层白雪落满树，在绿叶的衬托下，犹如梦幻如童话的仙境。那飘逸的气质令我心醉，文字似乎道不出这纯净而圣洁的美。我只能静静地注视它，带着歆羡与遐想。

我怀着满心的惊喜，走近它，欣赏它。修长的树干，撑起伞状的树冠，如冰清玉洁之雪披覆，椭圆形绿叶影影绰绰点缀其间，纯洁的白赋予了那挺拔的枝干一份柔情。每一朵花都有着细碎的花瓣，白穗如细雪。妈妈告诉我，这就是流苏树，因花瓣如女孩裙摆上流动的穗子而得名。

浓密的一树繁花，开得热烈，白得纯粹，亭亭玉立，娇柔多姿。走近它，便能收获满怀甜香。沁人心脾的芬芳，心旷神怡的馥郁，早已悄悄溜进了我的心间，永不消散。这一刻，我觉得流苏非花，像是一位下凡的仙子，世间红尘染不透那有思想的花瓣，更无法征服它冰雪一般的纯洁之心。

流苏无语，但我似乎能感受到它枝干间流动的生命，它注定是我命中邂逅的倾城红颜。它不像张爱玲笔下的白流苏凄婉而坚决，更像曹雪芹笔下的黛玉纯情而高洁。我久久不肯离去，即便夜幕降临，那花依旧迷人，水灵灵的花瓣仿佛吸取了美人脸颊上凝香的露华，开得典雅，开得烂漫！

月光如水，我再次来到流苏树旁，依然守护着这个白色的精灵。举目四望，远处树木的叶间为何都添了一抹亮白？暗香浮动，似有若无，那是花，还是我痴迷的幻觉？我仔细地寻找着，簇簇白花闪动，影若流苏。莫非，今夜流苏为我而开？

我的心中猛然激动起来，似乎时间也已静止，停下脚步欣赏夜幕下的流苏花，如果生命之美犹如流苏，安安静静开放一季的灿烂，坦坦荡荡，绚烂执着，不也是一种追求吗？

这一夜，时间因美停止。

这一夜，流苏为我盛开。

这一夜，我因流苏而醉。

如雪流苏，它的香永不消散，它的花将成为永恒！

行　走

方　圆

我曾以为天上的星星永远这样
安静地卧着
却忘了它们是该在天亮前
赶着要回家
哦，停一停
散步好吗
你们也来数数地上有几个小孩儿
就像我们手指的寸寸笔画
记住，笑着的都是小孩儿
慢一点儿，再慢一点儿
那样，萤火虫才肯逗留

——题记

小时候，早晨跟着奶奶去买菜，奶奶提一个篮子，弓着背，在前面迈着小步，走得极慢，我则睡眼蒙眬地在后面跟着。两个人就在礴阳微泻的城市角落里穿越纵横的小巷。依稀记得那里没有车流与喧嚣，偶见巷边人家门前倚着目光无知的小孩儿，被大人唤着去洗漱。或沿河走，彼岸早起的妇人在河浦头洗衣，敲打声顺着安静的河水轻荡开来，直到脚边，有了轻微的震动……

那是一段毫无知觉的时光，甚至不觉得自己有手有脚。耳边奶奶絮叨着今天的菜价，我就这么茫然地，看着脚边深色而柔软的苔藓，空白的思绪流转至深处夹杂一些童年单纯的欢悦感。这样极细微的步履，极缓慢地行走，留待回首。记忆的那杯酒，已微凉。

四岁，幼儿园。站在贴满彩画的走廊里，没有哭叫。教室里走出一个年轻的女老师，弯下腰问我："要不要先去玩儿？"对于陌生人我是羞于讲话的，但眼前姐姐一般的眉眼，即便是一颗封锁的心，也轻而易举地被感化了。我点头，她拉起我的手，慢慢地沿着长长的走廊走着。我似乎怕迈错步子，愈来愈近的欢笑声让我感到陌生，却无法阻止我对新事物的兴奋。走廊太长，而那双手就一直温暖地牵着我，小心翼翼地穿过了许多颜色，许多图案。墙上贴得满满的，这些图画挨挤着，仿佛也在不休地吵闹着。我被包围在这种热闹之中，第一次感受到了一个初次见面的人给予自己的关切。于是在走廊的尽头，我推开了那间教室的门，慢慢坐下来，在老师温和的目光中用桌上的积木搭了一座残缺的城堡。

八岁，小学。听很多人说，那里可不像幼稚园了，没有哭闹的小孩儿，也没有雷打不动的午睡和点心。可是要去上小学前的暑假，我还只是一个用橡皮泥捏小动物的娃娃，小学仅仅是坐井观天的小小眺望。开学前一天，妈妈领着我去学校转转。我望着用石子铺的操场，前后陈旧但十分严肃的教学楼，还有夏末已开始微笑的桂花树，像是被硬生生地抛入了另一种空气，陌生感把我围住。那些颜色，可以交织成彩虹的眼泪，微笑，全都不见。我似乎开始渐渐感受到，许多东西正在不可抑制地远去，模糊，最终淡忘。就像那时搭的小小城堡，残缺而失落。

就在这样的不安中，又是那样的一双手，妈妈握着我，我们从前门走到后门。那时的新碶小学还没有重建，却有一种自在的清新。谈及小学，我脑海总会闪现的第一幅画面就是最初的那次行走，我所见到的池塘、乱石、香樟以及掌心中默默传达的安定。这些细微的东西，展现着原始的充实感，让我看到一种立体的严肃，让我开始成长起来。

十四岁，初中。我已不再是那个动不动就慌乱的小孩儿了。心里盘旋的小小期待，却依旧在踏入校门的那一刻蠢蠢欲动。

校园好大。操场宽阔明亮。依旧是我和妈妈，我们走过桥，走过图书馆，走过科技园。头顶的香樟，身边的花朵。这些夏天尾巴上的阳光，植物，它们给我公园的错觉，使我流连。我觉得我又走进了另一种空气，无确定的色彩、线条、味觉可言，高得擦及天空，无法触摸。

这次行走，似曾相识的气息翻涌，却再也没有一双手，给我温暖，或者勇气。有些路需要一个人坚定地走，成长最终需要去面对更大更远的风景。我想着许多东西，仔细洞察却空无一物。

一次接一次地行走，岁月淌过的痕迹越来越长。我回过头去看，这一路曲折模糊。它们考验我的视线，于是我将它们抛下了，兀自前行。一次又一次，心里塞了好多说不清的东西，它们多得都快装不下了。我想得越来越多，我希望可以周全，可同时却越来越慌乱。我觉得大家都在跑，就像一阵阵黑色的风，朝着那个遥不可及的太阳。可是我看不清太阳的位置，也不明白它代表着什么。于是我只好跟着一阵阵黑色的风跑，盲目地追赶。

朱德庸说："世界一直在向前跑，而我们大家紧追在后。可不可以停下来喘口气，选择'自己'，而不是选择'大家'？也许这样才能不再为了追求速度，却丧失了我们的生活，还有生长的本质。"

他在文章中也谈到，自小的不合群，使他开始反复思考，用画笔和外界单向沟通，却也让他能坚持走出一条自己的路。

走出一条自己的路。这是艰难的，需要克服野草、荆棘牵绊，更需要抵挡花海与芳香的诱惑。你要明白你自己的路，该经过哪里，该通往哪里。我想我们也应该去寻找一个自己的太阳，我们追求的那个东西叫作成功，可成功分很多种，使它发光的色彩也有很多，我们都应该拥有各自的光芒与追求它的方向。

有一句话把我打动——也许我不太明白我想要什么，但是我很清楚自己不想要什么。

我想在后面再加一句——我们可以慢慢去寻找、发现自己想要的，但请别在这种或许漫长的等待中，糊涂地拥有了自己不想要的。

如果跑累了，就停下来，和心灵一起行走，给自己最正确的方向。

缅怀逝去的过往

颜山

又是一年清明，还是没有纷纷细雨，甚至没有一种令人哀而不伤的气氛。

市里禁止了烧纸，晚上街道旁没有了点点火光，只有些行色匆匆的身影在行走，从来的地方来，向去的地方去。清明，我还是习惯称呼它为鬼节，因为想起这一天，总会想起“魂兮归来”。

不知清明这一天失去了莹莹闪闪的火光，魂还会不会归来。

在清明这一天写些缅怀的文字是一种习惯。去年，我缅怀的是国殇的英魂，今年，我又该缅怀谁？先祖？英烈？无名的魂？

有人说这世上根本没有魂，有人说魂其实就是在世的人对死者的寄托。科学也好，玄学也罢，我宁愿相信魂是一种寄托。

既然如此，那些逝去的过往也该有寄托，也该有魂吧。

有哲人说，人不能两次踏进同一条河。那么，一秒前的我，是否已经逝去了呢？姑且就这样想吧。一秒前的我，在干什么？我想起来，那时的我，正在斟酌这段话里的一个字，处在一种沉思的状态里。我想重新回到前一秒的状态，可发现那时的场景、那时的想法、那时脑中骤然迸溅出的火花、那时心之所感，都已经无法达到了。因此我再也无法恢复到那时的状态了。可见上一秒的我，已经完全地逝去了。

但是当我意识到这一点时，时间又走过了一秒，上一秒的我已经变成了两秒前的我，而刚才我脑中闪过的那个念头，又成了上一秒的历史了。

朱自清说："我的日子滴在时间的河流里，没有声音，也没有影子。"我的看法与此相反，每一秒都是掷地有声的，一件事的完成，是由每一秒的积累完成的。至少，这每一秒的积累就是时间所留下来的声音。有人说魂就是一个影子，而我所缅怀的，是逝去时间的魂，是我对逝去时间的寄托，也就是时间的影子罢了。

"缅怀"这个词，沉淀着一种由心而生的敬意。同是死去的人，无数人在缅怀江姐，没有人缅怀甫志高，因为，他所做的，不值得缅怀。同样，逝去的时间，是由我们自己支配过的，我们该去缅怀那些使我们精神振奋的过往，而不是被碌碌虚度的时间。

常听人说，"我当时若是如此，就不至于这样了。"在我看来，这不是对逝去时光的缅怀，而是在亵渎逝去的时光。我会说，"那次，我做得已经很好了。"回想起来，不会有任何懊恼，而是真切地缅怀着那些令自己欣喜的片段。

缅怀，我的儿时。那时无忧无虑，天真，烂漫，童言无忌。夕阳余晖下，有一个老人，领着一个孩子，渐行渐近，成了一幅唯美温暖的画。

缅怀，那么多的第一次。第一次发表文章，看着自己的文字变成铅字，一本薄薄的杂志静静地躺在手里；第一次在学校大会上讲话，恐惧，紧张，亢奋，欣喜交织着。第一次，暖暖的让人回忆。

清明这一天，不合时宜地艳阳高照。我站在窗前，倏然想起了这些过往的片段，想到前一秒，前一分钟，前一天，前一年；想起了十五年前生命初期没有感觉的混沌朦胧。

于是感叹：愿时间有魂，使我缅怀，那些逝去的、快乐的、难忘的、飞逝的、梦幻般离我而去的过往。

孤独是一种收获

江　锦

何谓孤独?

孤独，是长夜漫漫中天上一轮圆月，像一粒铜扣，扣住长夜的沉默；

孤独，是在天地间穿针引线的风雨，它来去匆匆，一颗尘土也不带走。

我谓孤独，孤独正如明月风雨，它们都是离人世遥远的高洁之物，一生无人相伴取暖，却也轰轰烈烈，创功建绩。

我想，这世上会有对美丽的月光的赞颂，对风雨的传诵歌唱，也是它们孤独的收获。

是的，孤独是一种收获。

我是孤独的。我想在我人生前进的道路上，大多数时间，我是孤独的。总以为，在世界上，除了自身，没有任何一个人能真正了解另一个人。唯有自己与自己对话才最一针见血，唯有自己与自己相拥才最感到力量在体内涌动。在我失意狼狈时，我在台灯下疾书“苦战”，心中似有千言万语的不甘、难过，也不愿与人提及。这不是自闭，更不是好面子，而是我坚信，能在孤独的丛林中做一名刀剑紧握的勇士，更能让心态得以升华。中国古话说得好：靠天，靠地，不如靠自己。是的，我要靠自己去闯，去拼搏。我在人生的旅程上不断跌倒又爬起，渴望胜利的使者向我微笑，向我伸出一只手，拉我奔跑。可如今他却抛下我径直向前，我疲惫不堪却没有放弃追逐他。这条路上只有我只身一人，我孤独一人，我孑然一人，而四周除了黑暗还是黑暗。但，那又何妨？

如果我能在一次次的失败后爬起，我相信，这种“轻狂”便是我孤独的收获。

不是吗？孤独是一种收获。

傅雷在写给儿子的家书中说，赤子都是孤独的；鲁迅这位战士一如他笔下“朔方的雪”，是孤独而充满斗志的；列夫·托尔斯泰与家人不和，他的一生都可谓孤独……而最终，他们如何？众所周知，他们都是永垂不朽的人中豪杰。古今中外，帝王将相，智士勇士，或多或少都在心灵上有一个名为“孤独”的小洞。可他们从未想过用温言柔语，用他人的帮助、怜悯去填补这个洞。他们用什么填补这块空虚？用志气、用梦想、用事业、用奋斗！一个成功的人，注定要承受这番痛苦的激斗，这番与孤独的激斗，与自己的激斗。那么，当一个人在孤独的环境中铸就一颗宛如铜墙铁壁的心灵时——

孤独的收获，也就不远了。胜利的使者，离你不远了。如此这般，孤独，怎么不是一个人前进道路上的收获？

何谓孤独？

孤独便是那默然冷月，凄风苦雨。

何谓孤独？

孤独便是那皓月千里在夜色中的无畏，便是疾风劲雨在天地间的所向披靡，是人生一篮丰富的收获！

角 色

马 亮

人们常说：人生是一场折子戏。如果真是这样的话，那我就选择把最美的情节留在别人的生命里。

几分淡抹浓妆，数声低吟浅唱，朱唇轻启泪盘罗，歌尽桃花扇底风。戏台上的角色不断变换，听戏的人不断怀想。从中原大地到秦淮河畔，从泛舟碧涛到舳舻千里，哪一个背影似曾相识，哪一个角色名垂青史？至今怀想于心！

南阳草庐，年轻多才的诸葛亮隐居于此。秀口一吐，尽显风度，羽扇轻摇，门庭若市。更有躬耕陇亩、戴月而归的情志。苟全性命于乱世，不求闻达于诸侯，这是他最初的平凡角色。然而当三顾茅庐、隆中对策之后，他的角色发生了改变。他认识到了自己的角色应当是一个攘除奸凶、兴复汉室的大丈夫。于是有了三气周瑜的机敏，有了七擒孟获的仁义；当然也有了六出祁山的劳困，有了五丈原托志的悲凉。“出师未捷身先死，长使英雄泪满襟”。浪花淘去的是时间，但却留下了他的一颗老臣之心。诸葛亮放下了安逸的隐居生活去扮演一个让他一生劳苦困顿的角色，这是他的抉择。选择天下而放开自我，并且在血雨腥风的戏台上演好自己的角色，这是英雄本色。

依稀感觉到易水之寒，似乎听到了那悲凉的筑声。秦王的宫殿里烛火跳动，帘幕密遮。他扮演的是一个刺客的角色，步履从容，目光坚定穿过密戈相拔的甲士，迈向暴戾的秦王。在与自己的对话中，他只道出两个字：“天下！”秦王绕柱而走，荆轲血溅七尺。臣子之恨犹未灭：“吾得归，天下何归？”荆轲能够为天下苍生扮演刺客的角色，坚贞不渝，不也是让人肃然起敬的吗？在自己的角色中心怀天下，为了大局情愿变换角色，不也是一场人生的好戏吗？

“一壶浊酒喜相逢。古今多少事，都付笑谈中。”戏台上依旧唱着，听戏的人如梦初醒。原来自己也一直在演戏，都在一座戏台上演着自己的角色。“世事尽皆空，何必以空当真事；人生多是戏，不妨将戏做真情。”听戏的人笑着点头，拊掌而喜。戏还唱着，听戏的却慢慢踱去。

听戏的人是你，是我，是每一个跳动的灵魂。你的角色，是鲜明还是暗淡，是正义还是奸邪，都由你来决定。人生不能失去脂粉的美丽，它也许是善意的谎言，是真情的流露，哪怕是心计的深藏不露，都只是一场戏。而你要做的，是演一个好的角色，在生命的戏台上，把最美的情节留在别人生命里。

“青山依旧在，几度夕阳红。白发渔樵江渚上，惯看秋月春风——”戏依旧在唱着。

享受生命

刘兰岩

蚂蚁只知在夏天碌碌地搬运食物，而蝉却在夏天尽情歌唱。有人批评蝉的懒惰，但我却赞赏蝉，赞赏那些如蝉一般傲然活着的人们。因为，他们懂得享受生命中的快乐。

有些人，奋斗了一辈子，像蚂蚁一样劳累，但他们却享受不到属于生命的乐趣。无止境的忙碌把他们变得麻木。生命，在他们的眼中，无非是以劳动换取生活的一个过程罢了。没有乐趣的生活，如一潭死水，锁住了生命的波澜，掩盖了生活的涟漪。

但有些人与之相比，就截然不同。他们不一定富裕，不一定拥有令人瞠目的光环，但他们很快乐，很洒脱，很自如。生命在他们的眼中是多彩的。每天悠然而快乐地过自己的生活，聆听自然的天籁，品味生命的真谛，何等惬意。没有烦恼，没有物欲的膨胀，没有浮躁喧嚣，只有那种浸在骨子里的傲然。他们，沉浸在属于自己的一方天地里，其中真味又有谁知？

其实，我知道，像“一箪食，一瓢饮，在陋巷”而不改其乐的颜回那样享受生命不是谁都能做到的，但是我们可以学习活得不再那样累，学会放下。没有人会获得完美，有些事情，就让它过去，只要快乐就够了。

有些人在行将就木时会慨然长叹自己这辈子活得不快乐。是啊，一个不懂得及时享受生活的人又岂知快乐为何物？

《儒林外史》中的严监生，即将咽气竟然还在想着灯中的两根灯草。这是何等可悲！他哪里还有什么生命的乐趣，一生得到的恐怕只是对金钱的吝啬和对生命的苛刻吧。

我赞赏《血色浪漫》里的钟跃民。他是一个把生命当作旅途的人。他在生命中充当过很多角色，而他所做的，是努力地当好每一个角色，一如既往地入戏，并从中收获快乐。他没有因为“文革” 的影响而停止对未来的追求，他也没有因经济上的失意停止他前进的步伐。也许我不理解“老三届”这一代人，但我知道，钟跃民这个人物，这个经历了半生坎坷的人，活得很快乐。因为，他懂得及时享受属于他的幸福生活。

有时，我常想，也许生命之花就是在不断地享受生活才变得愈发灿烂的。我知道，努力和奋斗是生活不可或缺的元素，但离开了快乐，一切的努力都是徒劳。我看到，前方的路很长，会有坎坷，会有高山和惊涛骇浪。但我会在坎坷中享受探险者的快乐；我会在高山上享受天之骄子的快乐；我亦会面对着惊涛骇浪，在心的战栗和敬畏中享受生命赐予我的不平凡。

及时享受生命，我很快乐。

冬天的诉说

王希月

你用洁白的手指在窗上弹奏曲调，你轻柔的歌声落入我沉睡的梦里，你说你爱这个世界，爱那淡淡的微薄阳光，你说你是爱诉说的孩子，名叫冬天。

于是，我恋上你的声音，浅笑的声音。

当雪花漫天飞舞，屋顶都戴上白帽子的时候，小孩子便都跑出来在雪中游戏。我听见了你的笑声，那笑声是胖雪人被插上胡萝卜的细小摩擦，是小雪球在脚边的微微滚动，是枝头积雪飞扬时的细语。这单纯快乐的笑声，在空气里回荡着，不曾散去。

我恋上你的声音，歌唱的声音。

你带我去看雪雕展，一个个活灵活现的形象高大洁白，精致细腻。你情不自禁地唱起歌，歌唱人们的创意与聪慧。你陪我去公园漫步，树枝被白色装点，阳光下泛起淡淡光泽，你唱起“忽如一夜春风来，千树万树梨花开。”

可是有一天你哭了，泪水滴落时发出“嗒嗒”的响声。请对我诉说吧，我愿去倾听你的声音，你说你听到了贫困家庭炉里烧煤火星崩飞的呐喊，听到了乡村学校孩子们朗读诗歌因寒冷带来的颤抖声，听到了雪灾地区人们对生命的渴求和呼唤。

我擦干你的泪，轻轻告诉你，你听到好心人送给贫困孩子棉衣棉裤的关切声了吗？你听到各大城市给予偏远学校资金援助的鼓励声了吗？你听到祖国四面八方火速救援受灾地区的奔跑声了吗？仔细听，都听得到。

你给了我们快乐，我们给了他们温暖，他们给了你欣慰，你说你听到了滚烫的爱，听到了浓浓的关怀。

当寒冷的人们盖上新棉被轻轻感慨，当学生们在温暖的教室大声朗读，当一些家园重新建起，当一些哭泣的脸重新微笑，你对我轻轻诉说心底的感悟。原来，最动听的声音不是银装素裹时雪花掉落的响动，而是天地纯白时，真爱流动人间的声音。

此刻，我也听见了这个冬天里，幸福的传递。

笑纳“郑重”

卢敏

静静地，又想起这么一件事：那是初一的时候，上午的阳光并不炽烈，我在队伍中做操，一边做一边想：“我该用什么态度来完成呢？既然都是做，何不好好做呢？”直到如今，也奇怪是什么让我想到这些，但从那之后，在我做事的时候，总会想到：既要做，何不好好做？

前些日子，一个朋友跟我提到一个词：郑重。醍醐灌顶，突然又让我想起那个四年前的课间操：既然做，何不好好做呢？由此我想起许多许多次，当我企图敷衍行事之时，总是它让我静下心来，认真完成，这便是：郑重！

是的，郑重是一种认真的态度，因为郑重，我们才能静心于事；因为郑重，我们才能纳事于心。这似是一个与年轻人沾不上边儿的词，却可决定着我们干事的态度和最后的结果。既然做，为何不好好做？既然都要经历一个过程，何不郑重于之，让这个过程更加充实，而让自己享受这一过程呢？

常常，我们太浮躁，太狂妄，凭着一时心血来潮就想着去做一件怎样宏大的事情，这很好，年轻人独有的胆识和勇气正在于此。可是常常，我们躬耕于垄亩之上，看着梦想的禾苗枯萎在结穗的前夜，心里又算计着下一个宏伟蓝图，这样日复一日，什么都想干的人们却什么都做不好，只弄得自己筋疲力尽，满身创伤。细细想来，我们有胆识，有勇气，有力量，那么缺少的是什么呢？我们缺欠的，只是一种郑重的态度罢了。郑重于心，时时问问自己，你在乎的究竟是什么，我们也就不会因一时心血而做出毫无意义的悔事；郑重于事，我们便不会因一时的懈怠而放弃内心的追求。学会郑重，于是我们认真地对待生活，就像一个孩子在研究一片新叶那样忘情专注！

郑重，带给我们生活的平静和内心的安宁。郑重于心，便可无视外界的纷杂，纵使满面风尘，也永守那方自我的憩地；因为郑重，便无须患得患失，只要我们知道，在过程中已没有遗憾，那么，最后的结果已不值得掂量了。平平淡淡的日子里，我们只用平静、郑重的心做着心之所向的事，那还有什么失落可言呢？

郑重地生活。仰天，每一朵云都是舒展的姿态，每一抹霞都是艳丽的晚装；俯地，每一株草都是新生的希望，每一粒春泥都藏着生命的营养。用平和而郑重的目光环视四周，无论结果是所谓的成功还是失败，那尽心尽力的过程已是无尽的至美……

把心放平，让自己融身于这深沉的宁静，笑纳郑重于心，便是空灵浩瀚的智慧……

它，在那一刻落下

李玥轩

第一次看到那片片在空中曼舞的火红时，真是被它们如此热烈的美迷住了，那时我还不知道，这种热烈，不过是生命的强弩之末，垂死挣扎罢了。

但驻足细看时，才发觉：每次它们飞舞得无论多么凌厉，挣扎得无论多么激烈，那一棵棵枯树的叶影并未因此而减少，也不知这火红到底是在何时就开始用这种独特的方式谢下帷幕。有时我想：多半就是这些疾风之刃不愿意割舍对这些枯树的情感吧！

而今日所见的枫叶，虽仍在空中飞舞但却大改以往的风格情趣。

我走在一条宽阔的大道上，一阵迅猛急促的风从远方斜射过来。若说是此风带动了叶影，还真不如说这是在舞台后面为它默默伴奏。它们的舞姿不再只有迅速地飞驰，今晚还增添出一丝安然的优雅。它们时而似飞针一般，斜密密四射外溅，时而像一位大师用单调的红勾勒出深奥的经文，时而似战士用勇猛谱写生命的曲调，时而又像画家大笔挥毫泼墨展现宏伟的蓝图……正如多年之前所见一般，无论风伴奏的旋律多么急促，总是看不出这片片火焰从哪一棵树上飘来，总是不知树枝上的叶影为何没有减少，总是不知地上成片的枫叶归属谁枝……

当我沉思时，那飞叶重重地打在我脸上，我将它捡起，摸摸自己的脸暗暗思忖：“只是这么柔弱的叶子而已吗？”再仰视天空，我明白了：枫叶就在此刻落下。

不对，这种激烈昂扬根本不是生命的强弩之末，也不是无谓的叹息，更不是徒劳的挣扎。它们是在向后代与人们昭示，它们是生生不息的，即便是到了生命的最后一刻，它们还可以在空中划出最优美的弧线！

落在土里的叶子会化作春泥护养后代，落在地上的枫叶会和空中飞舞的枫叶一起用自己独到的美震撼人们的内心，让人们不会忘却它们的精彩和绚丽，在人们的记忆中得到生之永恒！

我也不必知道每片叶子的归属——它们，就是生命的归属。叶影必定是永远不会少的。因为枝的一端连接着肉体的死亡，而另一头连接着精神的新生，它们的生命，总是会受到希望的永恒祈福……

我转身慢慢走远，背影被灯光拉长，又盖住了一片片飞舞的火焰……

听，是谁在唱歌

轻柔的曲调和着慵懒的嗓音，一点儿一点儿浸到心里。手指百无聊赖地绕着窝在耳颈的耳线，闭上眼，似乎能感觉到另一端均匀的呼吸。心中是怎样的一番绮丽，才能唱出如此华丽的落寞。伏在窗边，静静地聆听雨儿的浅唱低吟，将所有的感伤与回忆融入雨中。

我的蓝天　我的燕子

刘秀美

随父母迁来南方的时候，正值春夏之交。这座小小的山城四处弥漫着草木的湿润与阳光的温暖，仿若一只柔滑的小手轻触着肌肤，微凉却又亲切。

而最让我惊奇的莫过于那一方清澈的天空，以及碧空上舞动着的燕儿，那是西北高原上绝不曾有过的。于是仰起头，歪着脑袋，睁大眼睛，大声喊着：“妈妈，妈妈，快来看呀！”母亲便从一堆零乱的家什中抬起头来，把手在围裙上抹了抹，然后把我揽进怀里，用无比轻柔的声音似是对我说又似是喃喃自语道：“那是燕子呵。自从随你父亲迁到陕西后，已有好几年不曾见过了。”现在却是知道，那并不一定是燕子，只是我们习惯于把天上的飞鸟统称为“燕子”而已。或许，也算是对燕子的一种神往吧。

孩提时代是不懂得什么别离之痛的，相反，高原上那终年呼啸的风，高原脚下阴沉昏暗的天空以及四季不散的沙尘早已让我厌倦甚至烦闷，突然迎来了明朗的天空、和煦的微风以及划过天空的精灵们，就仿佛是在我面前打开了一个装满珍奇的宝盒，小小的心中揣满了欣喜与惊奇。

不知何故，常见有燕群在窗前徘徊，于是每天早晨总是从口里省下一口馒头，小心地搁在南窗的阳台上。放晚学回家后，书包都来不及放，就急急地跑去阳台，看见阳台上已干干净净，偶尔剩下些碎屑，便欢呼雀跃，幸福满得几乎要从小小的心中溢出来。

三年级时，家境逐渐殷实起来，也就搬到了一处更为宽敞舒适的住宅。我一如既往地往阳台上搁馒头，然而晚上放学回家，却发现馒头完好地剩在阳台上，甚至没有动过的痕迹，心中甚不是滋味。我不甘心，第二天依旧换了新鲜馒头上去。可是，再也没有燕子，再也没有一只燕子来分享我的口粮。我捧着已干硬的馒头，失落得几近落下泪来。

后来母亲告诉我，其实早在搬家之前燕子就没有再来过了。母亲知我爱燕子，恐我心伤，便等我上学去了之后，悄悄地把搁在阳台上的馒头收拾起来，营造出燕子来过的假象。

也就是那个时候吧，似乎只是一夜间，原本熟悉的小城忽然变得陌生了。先是河堤上的那一片菜畦不见了，取而代之的是一条宽阔的水泥大道。体育馆附近的大片桑林竹林也相继被伐倒，随之竖起一幢幢优雅的别墅。那些日子，母亲常常带我去那一带散步，看推土机从那深棕色的土地上碾过去，感觉像是碾碎了一代人的回忆。那些尚未来得及摘走的青菜，便随着推土机宽平的轮胎的碾压，成了20世纪永恒的祭品。黄昏时分，推土机停止了轰鸣，母亲便拉起我的手，在新翻的泥土上慢慢走过去，仿若是在走一条通向未来或过去的无尽的路。深棕色的与绿色的混合物弄脏了她的高跟靴，她却丝毫不在乎。偶然的，她从一片尚未被推土机的轮胎光临过的土地上，拾起一根瘦弱的萝卜，翻来覆去地看着，最终又挖了一个坑，把它埋了进去。萝卜本生于土，然而那个并不太深的坑，也算是它的坟墓了吧。

随后，火电厂里又竖起了另一根高大的烟囱，每日里，浓烟滚滚仿若两条黑河，默默地流入干净的天空中。从那时起，母亲就不再带我出去散步了，她开始在家里饲养很多很多的花卉盆景。于是我独自一人跑出去，站在宽阔的街上，看不远处的两条“黑河”，无奈，失落。天边那翻滚着的似乎永不停息的浓烟，仿若是对我依然热爱南方天空的莫大讽刺。

这些，所有的这些只是一出序幕，是戏剧开场的一段前奏。很快的我看见，后街边生长了多年的梧桐树相继倒下了，越来越多的工厂取而代之。一切的一切，让我感觉似乎是在出演一场悲喜剧，悲喜剧的导演叫作“发展”，演员是所有的人。在某个寂静的深夜，当马路上的机车停止了喘息，当远处工地上的机器也渐渐入眠，独倚一束昏暗的灯光，在我周围，我似乎听见无数个声音低低啜泣：是被推土机碾碎的青菜，是被遗落在田畦里的萝卜，是废气弥漫的天空，是污水肆虐的河流，是痛苦呻吟着的倒下的树，是无数颗破碎的或者濒临破碎的颤抖的心。

我终于知道燕子不回来的原因了。它们再也不愿回来了，不，是再也回不来了。它们或是在愁苦与幽怨中死去，或是不眠地飞行着，去寻找另外一个地方，另外一个能够让它们生存下去，并且能够自由飞翔的地方。我不知道它们是否已经找到，我不知道它们是否还能够找到，我只知道，它们再也回不来了，不管我多么的黯然神伤。

于是，我依旧在期待着，渴望在某个明媚的清晨，看见天空不再因空荡而孤单，云层不再因空白而单调，我们的生命我们的社会不再因为缺少了什么而失色。

曾经，它们吻我以眉；如今，我葬它们以泪。只愿不久的将来，我们能在同一片蓝天下共同欢呼。

念　城

王　晶

深圳，你睡了吗？

曾经失眠在夜晚，我似是不经意地问你。十几年来蜷在你的怀抱，我仿佛糅合进你脉络的细枝末节，感触你深深地呼吸，暗叹你奇妙的变化。这么久了，时光都飞往遥远的彼岸，但我仍不明了你在我心中的定位。

你，是我的谁？

多少年前，一位老人在南海边上画了一个圈。他画出了你的身影，刻下了你的面容，战栗而坚定。那便是你的开始，那便是我的宿命——终有一天将与你相遇。一梦如是逝水长，你已至而立之年，而我还是懵懂的孩子，眨眼看你瞬息万变。惊愕地看你不断长高的楼宇，不断伸长的大道。你同时是我的科幻和童话。

我知道我跟不上你的脚步，但我也清楚你不会弃我于不顾，因我的根深深地扎在你的高楼塔尖，于是我便安心游荡于你的广袤，成长于你的繁华。你迈着永不回头的脚步，愈发地成熟与自信，却从不倦怠。

跟许多人谈到过你，他们都说你是一座不夜城。事实的确如此，你和其他城市相异，流淌着光鲜而狂野的血液。白天，你光明傲岸，中规中矩，连阳光都是清晰干练的。你目送着赶着上班的白领，仰望着玻璃窗上冉冉升起的朝阳，注视着行道树舒展拔节。而当那个大太阳落下去，你睁开沸腾的双眼，似乎这才算真正苏醒了。华彩的霓虹次第绽放，炫目的灯光浸染夜空。空气中缱绻着酒精的刺激和摇滚音乐的震撼，这个城市有太多的年轻人，有太多压抑的灵魂，而当他们都释放出来，那是一股不眠的力量。深圳，唯有这时候，卸下你的伪装，还原了你本来的面目。盘桓徙倚夜已久，当天空即将再次渲染晨曦，那些不知疲累的神经才逐渐平复下来。

这便是你的夜，我的夜。我爱这夜。

白日的明媚掩盖不了你夜晚的纷繁，就像拥有了双重的性格，使你别有一种魅力。

然而大多数时候，你身上的阳光很温暖很恒久，让人觉得一辈子太过漫长。

我想我是依赖你的，从我降生在你的怀抱开始，你是我生命的摇篮和故乡。这个给了我湛蓝海洋和清碧天空，给了我坚强骨骼和绚丽梦想的城市啊。

当我们行走在异地他乡，我们的脸上写着你的自信，我们会快乐地说：嗯，我们来自深圳！当我们行走在异国他乡，我们的脸上还是荡漾着你的骄傲，我们幸福地说：嗯，我们来自深圳!

是的，我是土生土长的骄傲的你的儿女。

我熟悉你的天空，熟悉你的道路，熟悉你这条道路之后会是哪一片风景，并且引以为傲。就如同我紧扣你宽大柔软的手掌，即使闭着眼也知道你掌心的纹脉的走向，以此强调我是你百分百的骨血。

我一天天长大，而你更是日新月异。未等光阴辗转，飘散回忆的馨香，你就带给我扑面而来的措手不及与惊喜，因此我总是修改你在我眼中的样子。在一笔一画的涂涂抹抹中，你的形象越来越明朗美丽，光芒四射，我以为这是我笔法的精湛，其实是你的形象早已翩跹在我的脑海。

我也去过除你之外的许多地方，大城小乡。细细对比之后发现你并非完美无缺，但我还是一心回到你身旁。你是我蜕变成蝶的虫蛹，是满载我回忆的舟楫。一旦我远离你，心里便总有一种无言的牵挂与忧伤。

我以为将你的回忆删繁就简，就能把你抹灭在我的心中，便可以忘却你带我走过的大道小巷，纵横交错。但凭时光荏苒，你深深烙印在我心中的灵魂，是我今生都无法消退的痕迹。

而当我醒来，你又将是另一种表情。

深圳，晚安。

母亲最喜欢的是秋天

张怡陈

我记得母亲最喜欢的季节是秋天，受她的影响，我于是隐隐中总觉得秋不是叶落的悲伤，而是孕育来年的希望。在秋日，依然会有花儿开放。——这正是那年秋天我们坐在小院中，母亲告诉我的。

我坐在小院中闻到了秋风的气息，夕阳温和地在天边挂着，西天呈现一片不刺眼的彤。小院中有个孩子在学骑车，欢快地叫着“妈妈”。年轻的母亲轻轻托住他的腰，车轮平缓地向前滑行，孩子银铃般的笑声中夹杂着车铃调皮的欢叫，母亲的眼睛笑成了月牙，微笑着看着前方，夕阳柔和的光洒下，眼前一片温馨。

我不由自主地勾起嘴角，想起那一年我在院里骑车的情形。在母亲的鼓励下，我小心翼翼地跨上车子，母亲在后面把着后座，不停地叨念着“抬头看前面”“握住把不要慌”。而我反倒乱了手脚，坐在车子上，身子拧来拧去，心里怕得不行，车把在手下转来转去，就是撑不正方向。我控制不好车，母亲亦扶不住我，最后连人带车扑入大地的怀抱。似乎因了我与生俱来的小脑障碍，学了很久，摔了很久，我满眼金星鼻青脸肿地气走了父亲，似乎也要把母亲逼到无可奈何的境地。我藏起自己的沮丧，抬头小心翼翼地看向母亲，此时她正看着我发呆，现在想来，她那时的心思，是怎样的企盼而又忧虑，无奈而又满怀期待。倔强的我，深吸一口气，再次爬起来，扶好车子等待她最后通牒，母亲却义无反顾地默默地扶住后座，继续无边无际地叮嘱。

父亲匆匆离去时，没有顾得上再回望一眼。我想，也许这就是母亲与父亲的不同吧，不论何时，她永远都对我抱有耐心。

她的这种平和宁静的心态，是不是像她挚爱的秋天呢？也许不够热烈，也许不够艳丽，但总那么沉静，自然，有一种美在内心缓缓生长，就像秋天在渐渐降下的温度里，小心地孕育着一个未来，那正是她的希望所在。

夕阳下，院子里，笑声、铃声仍没有断，而孩子似乎也找到了门道，已经可以试着蹬几步。他的妈妈不动声色地微笑着，只是步伐放得越来越缓。

终于，那一刻，母亲悄悄地放开了手，孩子的脚下用力一蹬，自行车平稳地向太阳的方向驶去。母子二人，沐浴在夕阳洒下的彤色光辉里，形成那么美那么温馨的一幅剪影。

那一刻，母亲的脸上漾满幸福与快乐，她的眼神中流溢着无限的慈爱与温柔。绚烂的夕阳把这一切都镀上一层绝美的金黄，眼前一片辉煌。

妈妈，那一日当您终于松开手时，是否也看到了那一轮灿烂的圆日呢？您可知道，那一瞬间，天地间仿佛一下子绽满了金黄？

秋天仍会有花儿绽放，因为有背后的人们为它浇水培土。我们能够骄傲地站上巅峰，是因为背后有我们的母亲帮助我们打开翅膀。

母亲，那一刻的美丽，因你而永恒。

油纸伞·江南情

王旌旭

江南的雨，似珠，似线，串成银线，连成一面。立足凝视，眼前是一幅雨帘，与其说挡住了去路，不如说自己已被这朦胧似幻的江南雨景图迷住。

不知何去何从，只愿驻足在雨幕下，接受这“雨帘”温柔的轻拂。

在我的印象里，江南雨景图中总少不了油纸伞，有油纸伞，才会有故事萌发的源头。她撑着油纸伞彳亍在桥上，眼光中带着淡淡的惆怅，似丁香般淡淡的忧伤。她顿足了，撑着油纸伞在桥头看风景，而他在楼上推开窗户看她，风景映入了她的眼帘，装饰了她的眼睛，而她却装饰了别人的窗子。纤纤素手撑伞在雨中漫步，素雅的裙摆偷偷地去和雨滴接触，撑伞的手凉了，伞下又多出一位才子，握住那变凉的素手，接过那尚有余温的伞柄。她的伞不觉间渐渐歪倒随风飘到了河边，岸上佳人才子在雨中静默着。

古典的江南，唯美的细雨，勾勒出多少凄美画卷。那油纸伞，以淡墨的形式出现在画卷上，在雨幕与佳人之间，演绎出了多少动人的故事。

然而，现代的江南变了，灯红酒绿代替了悠悠烛光，车水马龙代替了流水潺潺，穿着时尚性感的街头美女代替了举止温文尔雅的古典女子，更结实、更耐用、更漂亮的伞代替了那把雅致的油纸伞。现代的生活已经无法容纳古代农业生活的悠闲与安逸，一切变得忙碌、仓促，江南的古典诗意就这样一点点被销蚀了。也许，你在江南仍可以见到白砖黑瓦，见到小桥流水人家，可那早已被挤得水泄不通，被闪光灯照得晃人眼睛。原先优雅悠然的调子被急于功利的快节奏所代替，江南的油纸伞似乎早已失去了它的格调，我不禁为它的变迁感叹，买下一把，在细雨中撑起，走在小路上，想寻找那份逝去的诗意与古典。然而，当我环视四周，我的梦境破灭了。江南之水依旧绵软，江南之雨依旧缠绵，可这江南已然不是我脑海中的那诗情画意的江南了。

诗意的江南缘于一把油纸伞，油纸伞创造了江南的美好。作为一种象征物，它的消失，终结了江南的古典时代。

江南的雨依然是那么绵，绵得像要把人酥化，化作一泓清水。这幅雨景图依然朴素淡雅，但正因少了油纸伞，故事消失了，朦胧消失了，美好纯洁的那份情感亦飘逝了。

油纸伞，摇曳在风中，摇曳在雨中，摇曳在淡墨画中，江南情铺洒在伞面上，缓缓流下。

让我悄悄地告诉你

陈圣鋆

有一阵风从遥远的北方跑来，它悄悄地告诉我，在那座雪山的峰巅上，有一位风姿绰约的舞女，它还让我悄悄地告诉她，那支飞鹤舞，真的很美。

——题记

一

有一段时间，疯狂地喜欢韩国一部古装电视剧《黄贞伊》，却不是因为它有多么感人的情节,而是它拥有一颗高贵的心的舞蹈。

最喜欢的是黄贞伊的那支飞鹤舞，一笔一画，尽是模仿飞鹤舞姿，却又如此娇媚，惊为天人。她在师傅面前的强硬，在贵族面前的高傲，在皇帝面前的矜持，仿佛让我看到夕阳下一串串袅袅的身影划破了如血的残阳，高亢悲鸣，又是一曲尽是婉约的雄歌。

而如此刚柔并济的感觉，却是从所未有的，明明是一女子，却又如此刚烈，也难怪会吃苦头了。但正是这种外柔内刚，洁身自好的性格才造就了这拥有高贵的心的绝美舞姿吧。

不禁自嘲起来，尘世的气息掩盖了我身上的骄傲，而我早已学会了虚伪的谦虚与怀璧其罪的忍让，唯独少了她对这样的心灵的高度膜拜。唯有这，才成就了一颗高贵的头颅。

一夜无眠，眼前总晃悠着她的舞蹈。窗外呼啸的风在朦胧中渐渐凝成了实质，转瞬间，又成了一声低语，它悄悄地告诉我，在遥远的北方，有一位风姿绰约的舞女，她不断地用身体唱着婉转而又悲壮的歌。

二

终于来到北国，看着一望无际的冰山，不禁想起毛泽东的一首词："北国风光，千里冰封，万里雪飘……"

几经辗转，终于来到长城，领略"唯余莽莽"的壮阔气势，可总觉得少了点儿什么。

入夜，狂风打散了思绪，一切都变得模糊起来，仿佛是回到了母亲的怀抱，又仿佛是来到冰雪消融的春季。恍惚中，一阵熟悉的清风拂过窗帘，留下一幅绝美的画图：在雪山的峰巅上，有一个风姿绰约的舞女，婉转着一支舞曲，尽是英雄的婉约。

思绪又清晰起来，回想起那个因为倔强的性格而遭受苦难的女子，那一支飞鹤舞跳得荡气回肠，可她偏潸然泪下，最终化作舞神……

我终于知道，那"欲与天公试比高"的豪情中少了一分婉约，少了一分柔情，少了一分令人为之沉迷的娇媚，于是，只剩下了"一代天骄，成吉思汗，只识弯弓射大雕"的遗憾。

三

起身，推门，悄悄地跨出房间，月如止水，远方的雪山上是被冻结了的身影，她一身的壮丽使我不禁汗颜。又一阵风来，我似乎"看见"她在远处朝我笑了，有不屈，有冷漠，有淡然，还有……不对，那分明是热切，是在求得我的肯定，或许，或许还有些别的，令我感动。

经不住心中的激越，便悄悄地告诉风儿："她——真美——真的。"

像是做梦般，我又看见她笑了，蜿蜒长城就在她身后，原本生硬的石墙，竟一下子柔和起来，糅进了我的心中，梦中，魂中……

你们不一定懂云

郑秋琪

阳光透过密密层层的梧桐枝叶，洒下点点光斑，空气中晕开了的酸梅汤带着一丝陈年记忆的气味。

就是这样的夏日午后，坐在被岁月磨得走了样的藤椅上，摇着换牙小孩儿般的蒲扇，外婆指着天上的云，回转过身来，对我说："将来长大了，千万不能学这些云，整日心神不定，浮躁地到处乱窜，活像没头的苍蝇……人呐，还是要有个目标，要认准一个方向，晓得呀？……"流露出一位长辈的殷殷期盼。身旁的大人们纷纷附和着。

幼年时的我只是吮着手指，微微歪着小小的脑袋，似懂非懂地"嗯啊"着。可是，云真的如外婆和其他人所说，是没有目标、没有方向的吗？我不确定。

时光的齿轮"咯吱咯吱"地转着，墙上挂着的我的照片也放大了好几倍。我继续思考着尚未求得正解的题，而且好像有了一点儿自己的看法。

天际的浮云，聚了又散，散了又聚，但它们始终坚定地向着一个方向走去，哪怕是缓步前行，也永不停息。

我抬头仰望苍穹，西方有一片云；端来一把木椅，欲细细观赏，那云却已在东方，即将在眼前消失。狂风粗暴地伸出强壮的手臂，试图拽住云的尾巴，云却毫不理会，缓缓从风的指缝间穿过，表情依旧自若；山峰高傲地耸立着，意欲阻挡云的脚步，云却并不在意，轻轻地从山的头顶跃过，眼神仍然坚定。

云也曾驻足，也曾小憩，但从不在美景中流连。溪水再清亮，竹子再青翠，莺啼再悦耳，云也不会因此而忘却自己前进的方向。无论有多少阻碍，无论有多少诱惑，云都不曾迷失自己。这样的云——执着而坚定的云，又怎能说它心神不定，怎能说它没有目标呢？

对我说过那些话的大人们啊，你们不一定懂云。

至于我，我不敢说了解云，就好像没有人能认全所有汉字一样。可是，至少我明白，云不应作为“反面教材”，而应是漫漫人生路上的指引者——对目标专一、锲而不舍最好的诠释。

许 愿 树

王 越

1

午后的阳光暖得像碗汤，将我的窗台煨得温热。阳光踩着鼓点儿，像调皮的孩子，从叶间跃下，在我的书页上投一个可爱的亲吻。院子里，晒太阳的小猫慵懒的喵呜声将静静的时光催眠。我看着远处泛绿的枝头想：又是一年春暖花开。

2

在天气晴好而我又无所事事的时候，我会出门去公交车站，随便上一辆空的公交车，从起点站坐到终点站，再换下一辆。我坐在靠窗的位置，看外面热闹或冷清的街景。突然想到那只搭豪华巴士去找永远站的阿狸。也许，我们的生活就是那辆豪华巴士，驶向时间，驶向永远，驶向未知。好在，我坐的公交车无论怎样兜兜转转，终会把我绕回家。我看着窗外一闪而过的风景，感觉到时光掠过我的指尖，匆匆而去。窗外有人在笑，有人在哭，有人难过，也有人幸福。我知道在路途的尽头等候着我的是温暖的家和可爱的朋友，哪怕一路辛苦我也足够满足。

3

这里的天空最蓝的时候也蒙着一层灰影，不过日出日落却很接近。让人感觉走到那山凹处就可以把夕阳抱回家。我看着太阳一点点收敛起它温情的光芒，消失在远山深处。这一天的太阳永远离开了，但明天还会有新的太阳的。它会依然登上山峦，跃上云端，点亮这个世界。

现在很喜欢读从前读过的诗，就像一个时间旅人去叩历史的门。什么时候，再会“把酒话桑麻”呢？我还记得秋风乍起的早晨，我在池边读完诗，坐在层层的枫叶上，手被吹得冰凉。我知道眼前的一切也许明天，也许今晚就会消失了，但却心如止水。因为珍惜过，因为拥有过，所以无愧于心，无憾于此。或许，来来去去，走走停停，这才是人生。

4

表姐买了新房子，有大大的落地窗。她拉我去她家玩儿。风从城市的另一个角落吹来，逗笑了窗边的风铃。“丁零——丁零——”，像是轻声诉说着某个动人的故事。表姐问我，若是将来有了属于自己的房子会怎样装饰。我说，我要在卧室的墙上泼一面海，书房的顶上画一隅星空，客厅里就绘上一片向日葵花海。她笑了，眼光中有些许不解。我看着窗外天空中静静浮游着的白云，没有告诉她，我的心里总会有一片明媚的花海，那里风是静的，云是静的，时光是静的，天空永远湛蓝。

5

过年的时候，邻居小妹妹搬出了她家种的那盆四季竹。她用漂亮的丝带装饰着那丛青翠。在上面，她挂了许多心形卡片，每一张都写满了愿望和祝福。她说，这是她的许愿树。小妹妹给我几张卡片，要我写下新年祝愿。我看着那些淡蓝色的卡片和那棵缤纷的许愿树，觉得很是可爱。我们每个人的生命都是一棵开花的树，我们开着愿望的花，等候着秋日的丰收。我们都会梦想成真的，不是吗？

我拿起笔，认真地写下：

给亲爱的你，请记得幸福，请记得知足，请记得微笑着去唱生活的歌谣。

安好，亲爱的你。

静好，我醉人的韶光。

一缕阳光

易丹晨

在似乎冷漠的上海，在上海纵横交错的地下网络中，我感受到了非亲人之间的情，也找到了在地下似乎根本不会出现的一缕温暖的阳光。

——题记

一

在一个冬季的下午，我独自一人漫步在地铁站里，想试试只身闯上海的感觉。刷了交通卡，进入等待区。很快，地铁来了，但十分拥挤。我望着熙熙攘攘的人群，犹豫着。终于步入了地铁，门在身后无情地关上，我别无选择了。

向四周生畏地望望，突然发现，地铁上的人都那样冷漠：面无表情，就算是地铁紧急刹车，也面不改色，只有身子形式般地随着刹车晃动一下。望着这样的场面，我的脸也僵住了，紧攥着把手，沉默了。

二

地铁上的广播传出悦耳但仿佛缺失了感情的女声：张江高科站到

了，请乘客在左边车门下车，开门请当心。接下来便是国际化的英文翻译。车门开过后，紧靠在我扶手旁边的座位，空了，我理所当然地坐下。猛一抬头，发现人群中有一个衣着单薄的老人，自从上了地铁后一直被霜冻住的情感开始复苏，我让出了位置，请老人来坐下。在这一瞬间，人群第一次有了表情，但眼神中流露出的不是赞许，而是一种嫉妒。同一瞬间，老人朝我感激地笑了笑，从他一身的行李看出，他要走的路程很远。我也报之一笑，尊老爱幼，是我从小受的教育，我也习惯于这一点，因此并未把这件事看得多么伟大。

三

地铁上的女声再次响起，人群照旧进进出出，但此时，我却听到了一个声音，一个朝我直奔而来的声音："小姑娘，小姑娘，来这儿，这里有位置！"循着声音的源头望去，我的眼睛湿润了。因为，我看见的依旧是那个单薄的老人。他瘦骨嶙峋的身子和手，死死地守着身旁的一个座位，扭头向我喊着。很多人试图赶开老人坐下，但都无济于事。我顾不得许多，快步走去坐下。刚刚挨到座位上，身体就由内而外散发出一种温暖。我向老人感激地笑笑，老人饱经风霜的脸颊上也洋溢着快乐而满足的笑容。在两个笑容的映照下，地铁上洒满了温暖的阳光，由外到内暖进每个人的心窝。

四

地铁上的女声又一次响起，这次的女声似乎特别温柔，我也从中找到了一份曾经认为缺失的感情。人群依旧熙熙攘攘，但好像一直冷漠僵硬的脸庞上都多了一丝生气。虽然身旁的老人迈着蹒跚的步履下了地铁，但地铁上却仍然有那残存的一缕阳光。虽只有一缕，却十分温暖，万分明亮，进入了人们的心中。

听，谁在唱歌

薛年年

一种天气，一首歌。

窗外，雨点点滴滴地落下，丝丝缕缕，缠绕心上。指尖轻弹在有些粗糙的桌面上，白色的耳麦里响起了陈绮贞的歌，一个不爱张扬、略显孤单的女子的歌。轻柔的曲调和着慵懒的嗓音，一点儿一点儿浸到心里。手指百无聊赖地绕着窝在耳颈的耳线，闭上眼，似乎能感觉到另一端均匀的呼吸。心中是怎样的一番绮丽，才能唱出如此华丽的落寞。伏在窗边，静静地聆听雨儿的浅唱低吟，将所有的感伤与回忆融入雨中。

多云的天，是周杰伦的。多云的天变幻莫测，人的心也是飘忽不定的。听Jay的歌，忽而活力四射，忽而温柔感伤，一颗心被提起，又被扔下，再提起，再扔下……多数的时候是抑郁的暗色，浑浊的咬字讲述着恋人的分合，总想在时间的河流中留住点儿什么，可纵使再努力，那些水样的过往也在指间幻灭了。阴暗的天，回想起一些曾努力试着挽回的过去，忽然发现心里早已是一片澄净。

晴天，是李宇春的。中性而富有磁性的声音，如阳光般温暖的旋律，透着勃勃生气的歌词，在掌心温暖的同时，在心中也播撒下了希望的种子。“歌声是翅膀，唱出了希望”，是谁在暖阳中高歌，又是谁触动了谁的心？暖人的天，停驻在一方小小的池塘边，看池面上的那一方蓝天随水波而碎。但晴天仍在，只要心中明净，外面也是一片绚烂的天。温暖的太阳将无限的光倾洒在大地上，照亮了我们迷茫的心。

大雪纷扬的日子，听张韶涵的歌再好不过了。当屋外的世界一片纯白，如拢在玻璃盒中毫无杂质时，人的心灵也如这雪般纯净。不由地伸出手，用手掌去贴合雪花带来的独特的冰凉，用心去触碰那些美好的情愫。耳机里的女子唱着轻快空澄的歌，古灵精怪的样子，却有着不一般的穿透力。透过一片小小的雪花，看到的是一片折射出的蔚蓝的天空，一切的烦恼都可以忘却，心灵上的尘埃也可以被涤荡。手中的热茶冒着白色的热气，氤氲不散，模糊了视线。

一种天气，一种心情，是歌声唱出了我们的心，还是我们的心演绎了歌声？我们无从知晓，因为我们的心便是那多变的天。

梦中的现实

丰雅笛

如果你想起我，在初春的一个清晨，你收起蒙眬的睡意，轻轻地推开窗子向外张望。一只蝴蝶正从窗边飞过，几只早燕站立在不远处的树梢上细语低喃，窗外不远的田间，开放的花儿此时已有了深深的倦意。淡绿的叶子开始在阳光下摇摇摆摆。这时你不由得想起我，想想初见我时的模样——忧郁的微笑里，一丝成熟，一丝忧伤，眼神似乎总是躲着，却又在某时，毅然地朝你迎去。

你这样想的时候，我便化成了一缕缕阳光，随着柔和的清风洒落在你的衣襟上，当你走出甜美的回忆开始了一天的学习时，我便又起身飞向天空中，飞到你不知道的地方。

如果你想起我，在仲夏的一个午后，你在绿树浓荫的树下，捧着一本厚厚的练习题，想要翻开却又忽有困意，知了的叫声忽远忽近、时高时低，浓绿的叶子经过雨水的洗刷，在烈日下泛着耀眼的白光。你心意懒散地看着那些练习题，忽然有那么一个问题勾起了你的遐想，让你想起了我对你说过的一些话，还有关于你的一些文字。于是，你渴望我就在你的面前，随心所欲地畅谈。

你这样想我的时候，我便化成一阵微微的清风，吹拂过你的肩头和发梢，在你的周围拂起一片清凉，驱走缠绕你心头的忧伤。但是，你不知道，这微微的轻风就是我。当你觉得困意渐无，重新低头验算时，我就会不留痕迹地一笑而过，瞬间便消失在炎热的阳光中……

如果你想起我，在深秋的一个黄昏，你独自走在学校幽静的小道上，此刻寒意正浓，你用一把伞，遮住了灰色的天空。路边枯黄的树叶在烟雨朦胧中零乱飘荡，一股惆怅之情不禁在心中泛起。你仿佛听到了我低声哭泣，晶莹的泪珠从我脸颊轻轻地滑落，落在你的心上，淹没了那份优雅。于是思想的翅膀，也被泪水打湿沉重后无法飞翔。

你这样想的时候，我便化成你身旁小草上将落未落的雨滴。用一颗透明的心抚慰着你那忧伤的情绪，用一份不求回报的关爱来滋润你忧郁的心情，但你并不知道，那小草上脆弱的雨滴就是我。当你迈着寂寞的步伐，若无其事地走过来时，在你身后，我落在积水中，溅起一个小小的水花。

如果你想起我，在严冬的一个深夜，你忽然醒来，却又辗转难眠，那是一个美丽的夜晚，皎洁的月光如水倾泻，照着未融化的积雪也照在你的窗前，你微合双眼，仿佛听到了我的歌声，从缥缈的云端隐约传来，片刻又回归到那缥缈中去了……

你这样想我的时候，我便出现在你那重新开始的睡梦中，在你熟睡后，进入了你的梦中，留下歌声，留下幸福，在你的唇边放上一个悠然的微笑。

但是，你并不知道，梦中的主人公就是我，当你醒来却忘却梦中的情节时，我仍隐藏在黎明的曙光里，深情地看着你……

此方彼地

刘瑛琪

像是所有的风和所有的云都约好了似的，只是忽地一下子，天气便热得出奇。四射的阳光仿佛是一张织起来的绵密的巨网，将碌碌的我们网住，愈是挣扎，愈容易被汗水和热浪淹没。

当我在强光下穿过马路时，恍惚间，会觉得自己是在去年的北京。空气还是那样，被热度切割成一块又一块，只留出一条狭小的缝隙，挤不过半点儿清凉的气息。黏稠的热就卷在胳臂上，卷在鬓角浸湿的碎发上，卷在几乎睁不开的眼睛上。那时步行途中，每个人的衣裳都会浸湿大半，脖颈上的汗珠被照得明晃晃的，很有种苦旅者的意味。可是到如今，我是喜欢的，喜欢这种怀念的感觉，物非人是。

还有不足一个星期的日子，就要期末考试。我发觉自己慌张不起来，甚至，急促不起来。就在许多人说着“怎么办，怎么办？思品历史肯定背不完了”这样的话中，我仍然在迟缓地翻开一页纸，画上一个最拿手的皮泡小人——我还是懂得宽释了，宽释自己的心迎接从未来渐渐驶来的考验。海岸需要忍受翻卷的海浪，忍受被贝壳和水浪拍打，当海水终于磨平它的棱角，它便可以不再沉没于苦恼之中了。如果我不能拒绝成为海岸，不能拒绝疼痛与苦难，我愿意扬起手臂拥抱袭来的浪潮，等候它赐予我一个柔软的灵魂。

我们总是幻想未来的自己三头六臂，当未来真正地到来，才能够恍然大悟：我们所谓的可怕未来，原来只是再寻常不过的模样。而我们却是轻易地被内心的怯懦主宰征服。去年临近考试的那段时光，现在我想来仍是难熬的，难熬至可笑。我常看着看着书，便急躁地将它抛向一边，钻到书桌底下，呼吸着灰尘与黑暗，流下泪来。我不断在想的是，当我坐在考场上，面对着苍白的冰冷的卷纸时，将会察觉自己竟什么也记不得，忍着热汗和蚊虫所记下的文字，似是被时光盗取，不能再自如地回旋而出了。可是真正的考场也不过是一段温煦的、令人缅怀的书写，没有忘却和惊愕，思绪只是淡淡的，像是流水似的落在纸卷上。我很清楚地记得，那是唯一的一次，写了一篇我很满意的考场作文。

下午的时候，意外地下起了一场雨。雨水很急，到放学时却渐渐地减至细小的雨丝，清新的气息极快地击碎了凝滞的闷热。背着书包走过树下时，一有风吹，树上便滚落几串水珠，偶尔“滴答”一下落在我的短发上，发出很轻很淡的气味，我于是抬起头望着翠绿的叶子，轻快地笑出声来。很久我没有这么快乐了。

那一片落叶

陈钟瑜

秋风吹起，落叶铺满了地面，轻轻地走在这林荫小道上，看着脚边一片又一片凋零的枯叶，像一个个折翼的天使，静静地躺在地上，蜷缩着自己小小的身体，萧瑟在阵阵凉风之中。

拾起地上的一片落叶，凝望着，只见这片叶子略大，零零星星、大小不一的黑色斑点散落在叶面上，剩下的空隙则被鹅黄毛的色彩填充着，一条笔直的叶柄静静地躺在叶面上，从下到上，逐渐变得越来越细，到最后只剩下若隐若现的痕迹。而在叶柄的两侧，一束束绿色迸溅在它两旁，好似空中的烟花，绽放着它的美丽。

忽然，眼中一闪而过，手骤然将叶子举向天空，发现在叶子的最前端，微微隐藏着一个小小的尖尖的叶端，它的身子略向后仰，也难怪为何刚才没有寻见它的身影，这样看上去，倒也像是一个害羞的孩子，不愿意让别人望见它。

丝丝凉意吹向我的脸颊，手中拾起的叶子也飘飘然，心里头突然涌起一股好奇感，匆忙翻过叶子的背面，只见这一面没有前面那么复杂交错，只有淡淡的黄灿色，使得叶面上的条纹也愈见明显。一条紧依着另一条，排列整齐，好像是乐曲中的五线谱一样。远远望去，这叶子的背面既如夕阳西下时的那缕缕光芒；又好似秋天的独特色彩，带着一丝丝神秘感，缠绕在我的身旁。我情不自禁地用鼻子嗅了嗅叶子，顿感一股清清甘甘的气息萦绕在我的鼻尖，挥之不去。那股气息，充满了大自然的气息，带着淡淡的清香味，好似仙露琼浆一般，令人久久不能回望。

我伸出手，抚摸着这片躺在我手中的叶子，有些粗糙，就好似母亲那双因为操劳而变得粗糙的手。抬头望望空中飘零而落的落叶，我仿佛看见了它们以前的生命历程：春天来临，它们从原本干枯的树根上冒出了嫩绿的小芽，在接受了春雨的滋润和阳光的普照后开始茁壮成长，虽然有时或许会遇上暴风雨或狂风的袭击，但是它们依然挺立着自己的身躯，面向天空，顽强地生长着，延续着自己的生命。渐渐地，从一片小小的小芽长成了硕大的叶子，在经历了春夏的生命洗礼后，即将走向生命凋零的路程。明知道到了秋天它们就会死亡，却依然甘愿在自己的生命中忍受各种磨难，绽放出自己平凡却又伟大的生命。在夏天为人们打开一把遮阳伞，这样的一种默默奉献的精神是多么的令人感动啊。我的心不禁陷入了沉思……

是从什么时候，母亲就开始日夜不停地操劳？应该是从自己一出生的那一刻开始的吧。听母亲说，自己小的时候特别爱哭，每天晚上总是十分不安分，经常眨巴着眼睛不肯入睡，结果，母亲只好唱着歌，搂着我在怀里，哄着我睡。现在一想，这样如此辛苦的夜晚，一天接着一天，母亲又是带着怎样的艰辛熬过来的呢？我不知道。而又是从什么时候开始，母亲便总是一大早地起床，马不停蹄地为我准备着丰富的早餐，以至到了寒冷的冬天，我也依然能够吃上热腾腾的早点。这样的日子，母亲已坚持了几度光阴？我不知道。母亲在我从小到大的这十四年的光阴里，为我付出了多少的汗水和辛酸，却依然不悔不怨。我的心泛起了阵阵酸意，脑海里闪过的全是母亲那忙碌疲惫的身影：她下班时忙着做菜的身影，她在房间递给我水果吃的身影，她认真检查我作业的身影……我的眼角不知何时已经微微湿润了。母亲不正如那一片叶子吗？不求回报地给我爱和关心，只愿让我在成长中能够欢乐幸福。当叶子在酷暑严寒为我们遮风遮热时，我们总以为那是理所当然，不曾带着一颗感激的心去对待，甚至还觉得它们的存在是可有可无的。而我对母亲呢？我也一样从没有带着一颗感恩的心去对待母亲……飘零的枯叶在地上随着秋风发出轻轻的沙沙声，“落红不是无情物，化作春泥更护花”，耳边回荡着这诗句，心里不由地发出一阵感慨：连落叶都懂得知恩图报，那么我呢？难道连一片小小的落叶还不如吗？

拾起脚下的一片落叶，我站了起来，坚定地朝着前面行走。我想，我已经知道该怎么做了。

花儿，醉了流年

梁　韵

我始终相信，花儿是上帝身边淘气的天使。而上帝，定是个爱花的丁香般的女孩儿。

——题记

我是用怎样的心情来写下这些关于花儿的文字的，直到写下这第一句话，都还没有参透是酝酿了怎样的情绪。这么稚嫩的笔尖，这么羞涩的语言，怎能把我心底对这类世上最美丽的天之宠儿的迷恋描述出万分之一。

女孩儿生来就对美好的东西失去所有的抵抗力，尤其是正值花季的少女们，即使经历了无数次面对残花叶落的痛惜，也忍不住要为那含苞的花儿欢欣喝彩，为空中飘飞的花瓣雨深深沉迷。我想，这是因了那娇嫩、澄净、纯粹、美好的花朵，还有或浓郁或清雅的香气，正是每一个女孩儿的心灵写真，铭刻着她们的专属味道。

每一次漫步花丛，都会俯身轻嗅每一朵花的香味，寻找哪一朵会是自己的化身，仿佛会有掌管枯荣的仙子在那一朵花上刻下属于我的唯一印记，只待我一一寻找。我常常问身边的朋友，如果每个人的前生都是一朵花，你觉得我会是什么。但是，每个人都会有不同的答案，以至于我无法笃定地认准那朵唯一的花。曾有人说，我是一朵粉红色的樱花，绚烂而美好。也有人说，我像金色的向日葵，快乐而阳光。还有人说，我是淡粉色百合，纯真而善良。还有什么样的称赞会比花儿的形容更动听，更令人心花怒放的呢？我庆幸可以爱着这么多花儿，可以在青春策马扬鞭走过的瞬间，携一捧随清风而飞扬的花瓣，唱着关于花儿的诗，谱下因花儿而生的旋律。我笃信这些天地间的精灵，即使过了千百年，也一定会记得曾有一个女孩儿，在生命中最美的时节，写下过零散而细碎的篇章，只为纪念深深的感动。

一路洒满落花的街道，香气四溢的甜蜜和香樟树的清新，在过往的岁月里，烙下不可磨灭的印痕。从梅子黄时到霜打红叶，年复一年，我毫不吝惜地把目光停驻在每一朵花上。不论是含苞的蕊还是盛开的瓣，是园中的玫瑰还是田间的雏菊，都在我的记忆里熠熠发光，升上碧霄，开成永恒的璀璨。若有来生，我愿舍弃千年轮回，在佛前祈求，做一次翩飞的彩蝶。只为和所有的花儿生生世世默然相守，虽无语却胜过雷霆万钧。

那些花儿，美得令人心碎。

那些歌声，唱醉了流年。

而我，只愿守着一亩花田，看花儿，醉流年。

左手捧书，右手摆渡

当闹钟把我们准时叫醒，请先别着急今天的行程。品啜一杯香茗让生活芳香，书一幅汉隶让生活飘逸。

生活时刻在前行，左手捧书，右手摆渡方能诗意地栖息、生活。那一幅灵动的泼墨山水画人人都可描绘，只需把纯真给予生活。

听听黛玉的声音

安晓宇

窗外的雨声，淅淅沥沥，忧伤精密的雨之呢喃，仿佛是你千年不变的咏叹调。是的，我想到了你，黛玉。

宝玉曾说，女儿是水做的。而你，是最清澈的那一泓涟漪。宝玉给你端来合欢花浸的烧酒，你乘着酒兴，作了一首《咏菊》诗："口齿噙香对月吟"，我想，那声音定是如水的纯洁。听你的声音，我听到的是一泓灵动，率真。可是，贾府这个禁锢人的地方，是不会让一泓清泉肆意流淌的。"阶前愁杀葬花人"，这是你感叹身世遭遇的全部哀音。"花谢花飞花满天，红消香断有谁怜"，命运的孤苦，寄人篱下的辛酸。面对落花，你的悲伤顿时遁形，听你的"花落人亡两不知"，我听到了一个弱质纤纤的女子内心的寂寞和对幸福的向往。身世的孤苦，寄食的处境，让一个十来岁的女孩子来承担起所有接踵而来的磨难，也确实难为你了。

春来柳去，桃瓣盛绽，而桃瓣飘零那悲伤的风景又引起了你的万般愁绪。"若将人泪比桃花，泪自长流花自媚"，你倚门回首，阶前风飘万瓣，正愁人，而那一片飞花减却之春，却让你叹道："一声杜宇春归尽，寂寞帘栊空月痕"，春色消尽，人花俱逝。你的"孤苦"和"苦恋"流尽自己的眼泪。听你的声音使人感到韶华易老，芳菲终尽，时光将逝。更应该努力把握今天，不待春尽再悔矣。

凹晶馆的寂寞月夜，湘云的一句："寒塘渡鹤影"，几乎让你败下。然而，凄清岑寂的冷夜，为了排遣团圆夜众姊妹不能团聚的孤寂情怀，当你朱唇微启，道出"冷月葬诗魂"这五个绝美字眼时，那空灵的声音，充分地展现了你敏捷的诗才，也预示了声势显赫的贾府从此急剧地颓败下去。

清人张潮说，彼佳人者，以花为貌，以柳为态，以玉为骨，以月为神，以诗词为心。而听黛玉的声音，那不变的咏叹调，令人于精神上结识了一位"以诗词为心"的倾城绝色。

左手捧书，右手摆渡

上官凤姣

古渡苍老，河水幽幽，是否能够沉淀“起舞弄清影”的美丽，消逝“对影成三人”的诗意，泯灭“润物细无声”的喜悦？时光足够“红了樱桃，绿了芭蕉”，却改变不了布谷鸟歌唱生活的喜悦。

生活可以很诗意地栖息，也可以很清脆地歌唱。不论是在那遥远得只能在史书上寻找的年代，还是在触手可及的今朝，全是如此。

通过白纸黑字的描绘，我看到了“争渡，争渡，惊起一滩鸥鹭”如一幅灵动的泼墨山水画。原来摆渡者正左手捧手，右手摆渡，诗化着生活的每一个章节。而我们无须担心她的“误入藕花深处”，自然有“明月送我归”。

在那个“而无车马喧”地方，他自由地采菊东篱，累了时，抬起头，悠然地观赏南山。“道狭草木长，衣沾不足惜”是他对生活的大度。即使他也需“种豆南山下”，却欣喜于“戴月荷锄归”。生活于他从不缺少疲惫，只因他“性本爱丘山”，赚得宁静与美好。

相隔遥远的年代，我们依旧可以看见他们给予生活的那份纯真。

时光载着生活跑，今天的那群鸥鹭已不在老地方，南山也许还是芳草萋萋，也许有汽笛声惊扰了它们，也许时代发展已经荒废了那儿。

所以余秋雨开始了他的文化苦旅。在那个客舍青柳色新的阳光地方折一支新柳体验“西出阳关无故人”的牵挂，在赤壁观惊涛拍岸、卷起的千堆雪，遥想当年公瑾“谈笑间，樯橹灰飞烟灭”的激越。他在历史间行走，带着一番诉说回来，告诉我们生活的纯真源于我们对生活的热爱，但同时也需要生活艺术的描绘。

三毛带着对纯真生活的向往，在酷日炎炎的撒哈拉沙漠行走。被风吹过的沙漠告诉她，生活也许会让你睁不开眼却很少将你掩没，无落英缤纷的沙漠也有“长河落日圆”的壮美，还有金灿灿的遐想。

时光载着生活跑，我们更应该学会自在摆渡。E-mail的速度让我们少了书写的情致，动车的速度让我们错过沿途的风景，生活的速度让我们没心思看京剧的“唱念做打”，速度之美让生活变得无味。换个角度想，其实我们有了更多的时间与方式来体验生活。

当闹钟把我们准时叫醒，请先别着急今天的行程。品啜一杯香茗让生活芳香，书一幅汉隶让生活飘逸。

生活时刻在前行，左手捧书，右手摆渡方能诗意地栖息、生活。那一幅灵动的泼墨山水画人人都可描绘，只需把纯真给予生活。

不啰嗦的曹操

魏一宁

一

想写写曹操，很自然地想到了“不啰嗦”三个字。小学的时候男生们都喜欢在班级联欢会上唱《曹操》，其中有两句歌词：“曹操不啰嗦，一心要拿荆州。”直到现在，还令我记忆犹新。

我对曹操的印象，也就是“不啰嗦”三个字。这个人确实是不啰嗦的，无论是他的诗篇，还是他的政治作风，都流露着一种霸气。

东临碣石，以观沧海。水何澹澹，山岛竦峙。树木丛生，百草丰茂。秋风萧瑟，洪波涌起。日月之行，若出其中。星汉灿烂，若出其里。幸甚至哉，歌以咏志。

许多年后，一个伟人读到了这首诗，挥笔写下：“往事已千年，魏武挥鞭，东临碣石有遗篇。萧瑟秋风今又是，换了人间。”

只有另一个不啰嗦的灵魂，才能理解曹操。他站在碣石山上迎风浩歌，豪情壮志凝固在他吟唱的诗句中，直到两千年后还如此令人怦然心动。

二

歌曲《曹操》中还有一句歌词："尔虞我诈是三国，说不清对与错。"

其实在政治上本来没有对错，曹操唯一做错的，是他有一个对手叫刘备——那个自称皇叔，专门擅长流泪和装傻，手下收了一批彪悍小弟的"黑社会"老大。说实话，我是很看不上刘备的，觉得他装腔作势、心口不一，没有曹操那样的文采和见识，全靠诸葛亮在内筹划，关羽、张飞、赵云拼命地帮他砸场子，不然早就挂了。再说，刘备是不是真正的皇叔，还有待考证。

曹操是个亦正亦邪的人，即使是在读《三国演义》的时候，我也对他毫无恨意，反而佩服他的权谋和手腕。他就像金庸笔下的东邪西毒一样瞬息万变，令人捉摸不透。正如那句脍炙人口的名言："走自己的路，让别人去说吧！"

四年级读东汉历史，知道曹操在还未登上政治舞台时，曾经有人以一句话预测了他的一生：治世之能臣，乱世之奸雄。

曹操是乱世里的英雄，而不是奸雄。所谓的"奸"，仅仅是因为他挟天子以令诸侯，他狠狠地欺负过汉献帝刘协。在他面前，皇帝都宛如做错了事被老师训话的小学生。

那又如何呢？政治永远只是一个残酷的游戏。从这一点上也能看出曹操的不啰唆，他从来不会啰嗦地装模作样，想要什么就会很直接地去追求。看起来他是最狡诈，最令人捉摸不透的，事实上他是最率真的——最起码比刘备率真得多。他足够强势，强者做事从不需要理由。

三

那天我啃完玉米去看《三国》的时候，曹操正站在战船上吟我早就耳熟能详的《短歌行》：

对酒当歌，人生几何。譬如朝露，去日苦多。慨当以慷，忧思难忘。何以解忧，唯有杜康。

多年以前就背下了这些诗句，然而在听演员朗诵的时候，心底依然涌起层层的波澜。他的忧虑，他的求贤若渴，他的雄心壮志，他的理想和抱负……文学上的曹操，又是另外一面。他以简洁的四言诗，写出了那个时代英雄的心声。

曹操留下的诗很少很少，大约只有二十多首。而人们提起曹操的时候，更多的是把他当成一个奸臣，戏台上的大白脸，看不见他风流儒雅的一面。

曹操是文学家、政治家、军事家的完美结合，他有文采，但并不仅仅沉迷于文学，而是以一个政治家的身份睥睨天下，以一个军事家的身份征战沙场。就连他的诗篇中，也充满了俯视一切的磅礴大气。

四

当一切归于终结，功过是非，尽可以任人评说。无论是赞颂还是唾骂，都与他本人无关。那个不啰唆的灵魂，注定是永远寂寞的，因为他永远不会向任何人解释自己的行为，倾诉自己的内心。他的心，是无人破解的谜语。

谁念西风独自凉

罗 婷

微云如画，溪水如歌，正是橙黄橘绿一年好景之时，我愿是那荆衩布裙的江南女子，顺着青色的瓦沿，顺着曲折的巷弄，顺着松软的眠柳，去品尝唐诗宋词里的隽永与温柔，宋朝烟雨唐时风，勾起落花一丝轻愁。

那唐时的风，吹过长安古道、灞陵桥头，吹动了多少风流才子的飘飘衣带？它拂过李白略带酒气的发梢，溜进杜甫打满补丁的布衣，让贾岛空送满目“秋风生渭水，落叶满长安”，令东坡豪放一笑“一点儿浩然气，千里快哉风”。

那宋时的雨，淋过姑苏城外、扬子江头，淋湿了多少绝代佳人的层层裙摆？是晏几道“点点行行,总是凄凉意”的别离泪，还是秦少游“过尽飞鸿字字愁”的相思泪？是辛弃疾“栏杆拍遍，无人会，登临意”的英雄泪，还是刘辰翁“山中岁月，海上心情”的征夫泪？

风吹酒旗，雨打芭蕉，它们都是从活生生的人生际遇中来，充满了感动。在这个快餐文化的时代，这些诗词带我穿过薄凉的雾气，回溯到历史河流的尽头，那些口口相传的爱恨嗔痴，都是与我们的生命无比契合的情愫。是那深远的意境，与绵长的回味，让人不由自主地为每一个作者的顺途响起掌声，为每一个诗人的落寞落下眼泪。他们快乐，可以“白日放歌须纵酒”“漫卷诗书喜欲狂”；他们悲伤，可以“相顾无言，唯有泪千行”。当感动与美丽愈来愈远，我们唯有于此间得到慰藉。

喜欢在细雨微风的夏日，执一卷线装书，品一杯清茗，唇齿间留清新香甜。读唐诗，大开大阖，亦喜亦悲，品人生况味，最为醇厚；读宋词，字字珠玑，句句讨巧，写闲愁别绪，别有韵致。

诗词像阳光一样落入我平凡琐碎的生活，像一朵花微微地颓废，却依然清亮明媚，开得好美。我喜欢他们张口吟出的词句，它们四平八稳地落在笔墨丹青的纸卷轴上，画了山水，又留了余白。那些句子都是一个民族精神气节的绵绵承继，像温柔的藤蔓，缓慢爬上人的心头，开了枝，散了叶，缠绕成血脉相连的姿态。由此，我们的生命有了长度、宽度、高度，有了硬气、骨气、生气、底气。

“一条古时水，向我手心流”。生活常常在奔走与追逐中逐渐消耗，是诗词将扑打在我身上的尘渣洗涤干净，像迷蒙的杏花雨，像澄清的露水珠。年华流转，而使我成为澄清纯净的人。

十年一觉诗词梦，回首东风泪满衣。看过诗词里粉黛朱门的清清街景，斜阳老树的落寞气象，静静收拢一脉温情的分享与企盼，垂钓一地瘦瘦的忧伤。我犹记得吴道子宣纸上流畅的线条，记得李白口中吐纳的月光，记得杨玉环轻舞霓裳时失足的晨露，记得诗中花好月圆的良辰美景，记得词中政通人和的锦绣山河。我愿生在彼时，可以在巍峨的山顶上举目四望，在细草微风的原野上偃仰啸歌，在江枫渔火中对钟而眠，在漫天飞雪中独钓寒江。

唐诗宋词，如词一样的哀婉，棋一样的清虚，书一样的隽永，画一样的柔情。我愿沉醉其间，枕琴声做一场崇古清梦，一醉，便是千年。

钗头凤

王安琪

“吱呀——”

不知多少次，我如今夜一般从梦中忽醒，披上绿箩，轻启木门，望见一地萧瑟的落叶。

已是深秋，我迈着碎步踱过方庭，一脚一脚，踩在青石板上的一层枯叶上。听着它们一声一声清脆的断裂，我心中涌起无限不忍，像是杀死它们而后惊恐，觉得自己好残忍，好残忍。碾碎它们的肢体，不留一丝丝的缓和机会，就这样，待到院中，几欲落泪。

我坐下，冰凉的寒意侵入肌体，扎根于骨髓。

终于，眼睛被一层厚重的水雾蒙住，它们凝结，顺着脸颊滚落，打在冷硬如玉的手指，滚烫。

脑中不断涌起我们在一起的日子。

你说要免我惊，免我苦，免我无处可依，免我四处流离，与我相依为命。

曾携手漫步于玉波桥，并肩赏月于月桂下，欣然吟诗于方亭间。

那是我们的沈园。

我曾那般骄傲地与你同行，只因你是我此生的挚爱啊，与我一同长大的表兄陆游。

而今，你顺应娘亲之意，虽然你我感情亲密，引起了你老母亲的不满（女子无才便是德），抛给我一纸休书。

你转身的那一刻，我望见你眼中的不舍与无奈，及闪动着的晶莹。

我怎会不懂，你是孝子。无论如何，也无法违背娘亲的意旨。

我不怪你，怪只怪我是女流之辈，无法捍卫我们的相濡以沫。我唐琬庆幸今世，能与你相知，即便万般无奈。

你名为游，取自秦观的字，我记得，秦观曾吟：“两情若是久长时，又岂在朝朝暮暮。”

我仍记得当年我为你抚琴，你为我吟诗，而那把焦尾琴，我珍藏至今。而你赠予我的那一只精美无比的家传凤钗作信物，我把它置于亲手绣的荷包中随行于身。它传递给我的温度，一如你的掌心，温润明媚。

伏在石桌上，不能掩面，眼泪流向颈窝。

从没想到，可以再与你重逢。

仍是沈园，仍是玉波桥，仍是月桂，仍是方亭。

我们微笑着对视，却忽而泪如雨下。

一滴清泪，缠绵悱恻。这爱是数不尽的缠绵。

红楼春怨

——我读顾太清

胡庭晓

她，是中国历史上第一位女小说家。

她，是一位满洲八旗女子，贝勒奕绘之宠妃。

她，是清代第一才女，被人冠之“大清词后”。

她，风流盖世，与诗人龚自珍传出过轰轰烈烈的“丁香花诗案”。

她，续写过红楼梦，取名为“红楼梦影”。

而她的人生，远比她的小说诗词更精彩动人。

她叫顾太清，本姓西林觉罗，满洲镶蓝旗人。内大臣鄂尔泰的曾孙女，因祖父鄂昌受文字狱株连被赐自尽，自幼流落他乡，被一顾姓家仆收养，因此改名，又自署西林春、太清春。有人说：“八旗论词，男中成容若，女中太清春。”她虽不如李清照名冠华夏，但她的词，格调清丽，也属佳作，让我不由得畅想她在一百多年前是位怎样名动京华的红颜如玉。

杨柳风斜，黄昏人静，睡稳鸦。短烛烧残，长更坐尽，小篆添些。

红楼不闭窗纱。被一缕，春痕暗遮。淡淡轻烟，溶溶院落，月在梨花。

在《早春怨之春夜》里，“月在梨花”，我只喜欢这最后一句，仿佛雪白的梨花开遍了寂寞的月宫，纷纷扬扬，从天上跌落。如果说易安是销魂的黄花，顾太清应是素洁的梨花。自幼长在江南的没落才女，就像江南的雨，迷蒙诗意，没有一点儿烟火气，隔开一幅又一幅的山水画卷，来到了她的红楼窗前。她的美，就像她的词，写意的素淡，正如她离别江南时的梨花雨，那是四月的一场雪，迷了人眼，乱了心肠。

龚自珍，许多人相信，她是他命里的丁香。“万人丛中一握手，使我衣袖三年香”，他们的情，似有若无，似无若有，就像是丁香花的香气沾染在衣襟上，又何止是三年这么容易消散呢？后来，他在江苏丹阳的一家书院里暴卒，而她沉沦市井数十年后又回到王府。他去世前的行囊里，仅藏有一小束枯萎的丁香及顾太清自绘小像，予后人不尽猜测的余地。而她后来是否还记得他，这段过往亦不忍再提。

再回首，贝勒王府外的一片丁香花又即将盛开，月宫里的梨花又要向人间跌落，纤纤素手的红楼续已被遗忘在历史的转角。在一百多年前，曾有一位女子，她的出现，令乱世亦有一抹浪漫情怀。

再回首，文墨浸了红楼香粉，奈何天的落雪冷了一曲琵琶弦月，江南驿路上的梨花正在低声细语：若我离去，切莫回忆。

再回首，却不知那缟衣人是否依旧。

只是不忍，让一朵似雪梨花，蒙上岁月的浮灰。

向往孤独

卢 敏

狼烟四起，兵戈相交，历史的书页再一次被溅上血滴的时候，我看到一个独立的身影，暗自伤神。他站在时代的至高处，无奈地停下奔走的脚步，捧出那一腔孤独，细细苦吟。孟子，我看到他独怀一腔孤寂行走，行走……

英雄是孤独的，正如孟子。我不知道他是否呼喊过“谁来陪我”，如果喊过，那也一定是在群山之中，回应他的是更多的自己无奈的声音。孟子与社会太格格不入，他同着他那思想孤独着，也不朽着，被历史记载着，这样的摸爬滚打，你问他苦吗？他笑了笑：“你太年轻，孤独不是苦痛！”

孟子的一生都在独自奔波中追求着，他叩响了无数的大门，又无数次被挡在理想之外，但他并不痛苦。有追求，可能孤独，却不痛苦。他磨穿无数双草鞋，相信总会有开明的君主；他动用无数智慧，相信总会有社会开化的那一天。没有人陪，他带着寂寞走，英雄，不会因寂寞放弃追求！但英雄的同伴，必定有一个叫作孤独。

然而，现在的我们，都不是英雄……

不是英雄，就无法体味孤独的味道，无法体味那种独怀一腔孤寂行走的坦然！我们会因为独自一人走夜路而胆战心惊，会因为黯然神伤却无人劝慰而更加伤感。总是，总是这事情让我们感觉痛苦！我们痛苦，因为我们不习惯于孤独，没有那开天辟地的大智慧，就没有理由说孤独；没有那济世救民的慈悲，就没有资格说孤独。“谁来陪我”，我们真的时时刻刻都需要人陪吗？我们更需要一个由喧闹走向冷静的过程，试着做一个该孤独时便孤独的人。

试着历练自己的孤独品性吧，静静地，一个人捧着一本真正的书，脱离那些无聊的关于青春小说的讨论；一个人想想自己走过的路，搁置那些漫无目的的交谈。也许，孤独并不只是在只有一个人的时候，这是一种心境。

向往孤独，不等于自我封闭，它不可能是精神世界的全部。我们渴望交流，渴望倾诉，然而这与孤独并不矛盾。孤独，是人生追求中的大境界！

独怀一腔孤寂行走，孟子伟大而高尚地孤独着。他深沉地一笑，便成了最深最广最清的海。还有无数人孤独地行走着，摸索着，这才造就了如此悲壮而又灿烂的世界！

既然选择了远方，留给身后的只能是孤独而坚毅的背影，而不是“谁来陪我”的喊声！

古人不远：我最喜欢的历史人物

谢雨庭

秦鹿奔野草，逐之若飞蓬。项王气盖世，紫电明双瞳。呼吸八千人，横行起江东。

——题记

历史如川流不息的江河，挟起无数浪花奔涌而来。溯洄而上，回到那乌江畔，垓下边。在瑟瑟的晚风之中，见你一身戎装，执鞭立马，乌骓长嘶。你横剑一挥，生命就此定格成伟大的悲剧。我看到，你的英姿映在滴血残阳，子规声里。一时乌江悲鸣，苍穹黯然，汉将相视无言，楚民哭之如父。

——你是项羽。力能扛鼎，气压万夫。鲁迅说，中国一向就少有失败的英雄，少有韧性的反抗，少有敢单身鏖战的武人。然而你却是这样的一个"异类"，用你因人性制约理性，用骨气制约神气的伟大失败，铸就了历史中一个不可复制的传奇，雕刻了一个永远闪着金光的名字，一个天下无二的名字——西楚霸王。

翻开书卷，第一眼看到的是少时的你。那时你的眉宇间有着少年的朝气和立志于天下的勃发，你不学文，不想只记姓名；不学武，不想只以一敌百；要学便学万人敌。当秦始皇的车驾缓缓驶过你眼前的那一刻，你看到的不是他马上缀着的金络，不是辇上镶着的玉石，而是他手握苍生之性命的权力和他俾睨天下的霸气。你暗暗握紧拳头，睁大眼睛，信誓旦旦，说出那句振聋发聩的豪言——“彼可取而代之。”一个乡村少年，稚气未脱，然而就在那个封建等级森严的社会，你竟有如此的胆识气魄！一句话让后人在书页中一眼就辨认出了你——你是霸王，是项羽。你没有刘邦斩白蛇的传奇，然而你却比那刘邦多出千万倍的志气！

秦二世元年，当陈胜、吴广在大泽乡振臂一呼，揭竿而起之时，你早已按捺不住，随叔父诛无道之秦。刺杀太守殷通，你独自斩殷通卫兵近百人，一战成名。此时你便像那将要翱翔于九天的凤，清啼一声，足引百鸟来朝。

初露锋芒，便是那巨鹿一战。史书记：项羽引兵渡河，皆沉船，破釜，烧庐舍，持三日粮，以示士卒必死，无一还心，九战，大破之。你果断斩杀大将军宋义，逼迫楚怀王将大任托付于你。这一刻，你知道时机已经到了，于是，面对身经百战横扫六合的秦军，你无丝毫惧色，破釜沉舟，身先士卒，楚军以一当十，呼声震天动地。杀苏角，擒王离，九战九胜。虽无法穿越历史的长河，然而在史书中，我能清清楚楚地看见你的身影，看见你万人军中如入无人之境，一人一骑，在旌旗招展之中，在刀光剑影之下，逼得那些曾经飞扬跋扈的诸侯们膝行而前，莫敢仰视。“羽之神勇，千古无二”的评述便在这次战争中，被你用鲜血铭刻于时间的长河里，永远洗刷不去。

之后，你遇到了刘邦。在那场令无数史学家或叹息扼腕，或感你“妇人之仁”的鸿门宴上，你看着这个谈笑自如，眼中却流露出对你的恐惧的男子，心中却是无限悲凉。沛公，这个男人本没有资格与你相提并论的，然而你太需要一个对手，一个能与你在抗秦大路上并肩，却必然会与你抗争的对手。当时的你也许隐隐约约预见了，这个曾是“无赖”的男子终有一天会和你反目。但是你是霸王，是胆识过人的军事天才，却不是“遇圆则圆，遇方则方”的政治家。于是，你不顾范增的劝谏，饶他性命。是你大度吗？是你把义气用在了不该用的时刻吗？我想那时的你，根本不会想到，竟有人会背信弃义，甘愿为了成功舍弃自己的骨气、尊严，然后用“成王败寇”来掩饰自己的无耻。

鸿门宴后的战争，刘邦场场皆败于你的手下，但你却场场原谅了他。你和他定下了互不相犯的约定，然而你终是错了，错得一塌糊涂。刘邦是小人，小人和霸王不可能成为对手，只会是小人死，或是霸王——败。

于是历史来到了垓下。

风刮得很紧，四面楚歌。你没有在大敌当前时动摇，没有在明知以卵击石时动摇，然而你却在那出现在你关于家的梦中的歌谣下卸甲。虞姬——你最爱的女人做了一场倾城剑舞，鲜血染上你的衣角，在这血的洗涤下你终于不是那个霸王，这一瞬间，你只是一个柔情的男人。你决定突围。

一剑能挡百人的你身上亦出现了十余处创伤。在亭长劝你回江东之时，你笑了，血染的弧度里有着英雄末路的悲伤。“天之亡我，我何渡为！且籍与江东子弟八千人渡江而西，今无一人还，纵江东父兄怜而王我，我何面目见之？纵彼不言，籍独不愧于心乎？”

好一个“籍独不愧于心乎”，你没有让汉军那肮脏的剑刃结束你的生命，而是选择用跟随自己戎马倥偬的宝剑结束了自己的生命。霸王一生，落幕。霸王之神，永留。

我敬佩秦皇汉武的伟业，我羡慕唐宗宋祖的丰功，我景仰成吉思汗的勇猛，然而只有活在楚河汉界，活在太史公的书页间，活在历史卷帙中的你——项羽，那么真实，那么鲜活，用你的悲剧而传奇的人生刻印在千年后我的心中，任岁月侵蚀，永不老去。

你不像那些面目模糊的历史人物，用枯燥的语言一遍一遍重复那些呆板的文字；你不像那些伟大的帝王，黄袍加身，坐北朝南，享受着子民的爱戴和史官歌功颂德般的称赞。然而这正是我喜欢你的原因，你真实，你勇敢，你拥有一身的傲骨，你具备坚韧不拔的毅力。你会从小立下天下大志，你会拍案而起怒斥秦朝暴政。你始终坚持自己的信念，从未在自己的脸上扣过虚伪的面具；你始终相信他人的善良，所以一遍一遍宽恕他人的罪过。

这就是你，西楚霸王。千古以来，只你而已。

写到这里，我突然搁笔。眼中汹涌而来的，是那乌江的潮水，惊涛拍岸，一流，就是千年。

我来经历

王玉

一

有人说，生活是一坛女儿红，年岁越久，沉淀得越浓厚，味道也越醇美，越甘洌。

有人说，生活是一个大舞台，舞台上不断更迭各色各样的人，上演或悲情或欢喜的戏剧。

台湾女作家简祯说，让世界是世界，我甘心是我的茧。

那么——让生活是一坛女儿红罢，我甘心是坛中发酵的一滴酒质，让我的生命在坛中浮沉、涤荡，在年龄与阅历的发酵中积淀出自己的浓香。我来经历其中的落落孤寂，我来经历其中的刻骨铭心。

那么——让生活是一个大舞台罢，我甘心是台上行走的青衣花旦，让我的生命在台上闪光、释放，让我遇见形形色色的角色，让我面对陆离动人的邂逅。我来经历是非凡尘的千变万化，我来经历成长蜕变的微妙复杂。

二

我来经历周亚夫的一生戎马。汉代名将，马上英豪。平定七国之乱，一生刚正不阿。我来经历他的那些峥嵘岁月，看着漫天红霞，刀光剑影，听着战鼓擂擂，马鸣啾啾。我来经历曹操的一生传奇。乱世枭雄，文采斐然。求贤若渴，却好大喜功，滥杀无辜，功过后人难评。我来经历他的“对酒当歌，人生几何”，望着窗外的孤月，将案几上的残酒饮尽。

我来经历人性的自私与冷漠。我是凡·高，在疗养院里涂抹下金色的向日葵，被世人认为是一个行为古怪的艺术疯子；我是孔乙己，我的存在是一个笑料，我的存在是为了还钱，咸亨酒店中的粉板上永远写着那被欠的十九个钱，而我穿着脏破长衫的背影终于在旁人的说笑声中逝去；我是乌拉吉米尔·伊凡尼奇家的小猎狗，我漠然瞥着奥楚蔑洛夫那善变的诡异的笑脸，接受着他莫名的忽变的骂词和赞赏。

我来经历恩恩怨怨的历史，我来经历缠绵悱恻的传说，我来经历荡气回肠的武侠。

我是断桥上守望雷峰塔的许仙，我来经历人蛇之恋的美丽缱绻；我是银河岸边衣裙飘飘的织女，我来经历初涉凡尘的曲折相思；我是终南山下的一粒尘土；我是绝情谷底的一朵药花。我是一柄尘封已久的剑器，我来经历江湖的相逢一笑泯恩仇；我是一匹逐风骏马，我来经历疆场以我血荐轩辕。

我来经历吧。我来经历每一个沧桑之人的苦楚，我来经历每一段尘封往事的隐情。

我来经历……

三

但是，我注定我是我，我要走自己的人生之路，我要经历自己的酸甜苦辣。只是有一天，当我饱览世事，经历了人生的悲欢离合、浮浮沉沉后，夕阳西下，蓦然回首，我看到陌上柳，而昔日青青今在否？我想到自己曾经想要来经历的一切，又是否会对着夕阳笑叹今日的幼稚之词？

我不知道。

——如果是，那我愿意带着生命中最美丽的部分，一起融入那些我未经历、我已经历的春泥里，对着这个世界耳语："我来经历。"

季荷幽香

王双兴

你就是永远绽放在我心湖上的荷花，香远益清，亭亭净植！

——题记

夏风拂过，带着阵阵荷花的清香，心头却泛起隐隐的痛。两年前，同样是荷花怒放的季节，国学大师季羡林安然地长辞。低吟着“大师霄际故人寰”，举国同悲。

季老爱荷是众所周知的，记忆中常有这样的画面：一位年过耄耋的老人，带着安详的微笑，久久望着湖中为自己所深爱的“接天莲叶”……可如今，又是一年花开时，荷在，斯人已逝。

我默念着思念。我知道，季老就是我们最美的荷花，何时何地，荷香不逝，荷韵永在！

是谁几十年如一日凭借超人的刻苦与勤劳笔耕不辍？是谁一步一个脚印地付出，走出了条条真理之路？是谁精通多国语言，学术著作千万依旧说“学海无涯”？是谁放下自己高高在上的地位，几个小时顶着烈日为年轻学生看管行李？是谁身着朴素的中山装穿行于三十多个国家？是谁凭着对功名的淡薄“三辞桂冠”还自己一个自由自在身？是谁在风光旖旎的瑞士莱芒湖上，在平沙无垠的非洲大沙漠中，怅望南天，心飞向故里……

这是一株有着可贵风骨的荷花，一株让人佩服得五体投地的荷花！

读季老《牛棚杂记》的时候，我落泪了，不仅为荒唐的年代对文化的亵渎而愤慨，更为一位走过十年浩劫的老人的宽容而感动。他的文字总是那么朴实无华，但从中我看到了一个真实的季老，一颗善良美丽的心。每一个字都是他灵魂真实的写照，每一个字都可以扣人心弦，我的内心顿时波涛汹涌，我想，那是一种无可比拟的感染与折服。

这是一株写着“真”字的荷花，一株让人不得不崇敬的荷花！

季老爱国，放下异国的爱情决然回到祖国的怀抱；季老思乡，身处异地却一心想着故乡的月亮；季老多愁，为“小猫小狗、小花小草惹出万斛闲愁”；季老善感，常在花前月下撒落清泪……2006年，季老被评为“感动中国”人物，我深信，未来，季老依旧会感动中国！

这是一株馨香弥永的荷花，一株让人深深陶醉与折服的荷花！

曾看到一组图片：冬天的未名湖中，只是孤零零地摇曳着几根干枯的芦苇。但我知道，季老的荷花还永永远远地挺立着，挺立在天地之间，人心之间……

荷香悠悠，久久弥散，让我，让我们，轻轻地阅读……

盘桓在记忆里的家乡

书中说：“凡是故乡之外的地域，都可以叫作异乡。在故乡与异乡之间，有一道肉眼几乎看不到的界限。但游子的心灵，恰恰是触摸着这道界限而成长的。”

对故乡的思念，不需要任何浮华的粉饰。只是在静寂的环境里脑海中闪现很多年前的某一幕景象，心中为之一颤，然后莞尔一笑，了却悲戚之情，留下温馨的画面。

盘桓在记忆里的家乡

白向达

我时常直言不讳地告诉别人：“我是个北方人。我的根，在广袤的华北平原上。”

当年离开家乡时，我才八岁。记忆中，没有铺张的道别仪式，没有痛哭流涕的不舍，没有频繁回眸的眷恋。一切步骤都是有条不紊地遵循着计划中的轨道进行的。

在相当长的一段时间里，我深深地沉醉在上海的新奇、繁华和绚丽中，逐渐淡忘了当年在家乡的日子。

有一天，在语文课上我读到牛汉的《滹沱河和我》，而滹沱河恰巧就在我的家乡！我几近啜泣地默读完这篇文章，犹如醍醐灌顶。原来，我一直是个北方人，我的周身缭绕的是浓郁的北方气息。无论上海如何迷人，也无法泯灭家乡在我心中的位置。

让哆啦A梦用时光机将时间回流，同时让记忆倒带，倒回我在华北的那些时光。

那年的我常邀几个邻家孩子一起做游戏。当时，我们只是一群癫狂的孩子，湛蓝的长空时时被我们纯粹的笑声填充。后来，我与他们还未来得及说句“再见”，就已天各一方。

前几天我打电话给曾经的邻居。他说自从我走后，当初在一起嬉闹的孩子们渐渐都跟随父母搬走了……

他没有再说下去，我隐约听到抽泣的声响。我心里非常难过，难以想象远在千里之外曾经的居所现在到底怎样。愈是缅怀曾经的过往，心中的乡思愈是久久不能平息。

以前仰望苍穹，我能轻易看到抖着翅膀滑翔的苍鹰。现在想来，鹰恰好蕴涵了北方人豪放的性格！那种固若金汤的坚毅是令每个土生土长的北方人所自豪的！

书中说：“凡是故乡之外的地域，都可以叫作异乡。在故乡与异乡之间，有一道肉眼几乎看不到的界限。但游子的心灵，恰恰是触摸着这道界限而成长的。”只有远离家乡的人们，才能真正感受到这句话的分量。

对故乡的思念，不需要任何浮华的粉饰。只是在静寂的环境里脑海中闪现很多年前的某一幕景象，心中为之一颤，然后莞尔一笑，了却悲戚之情，留下温馨的画面。

“北方”一词深深地镌刻在记忆的石碑上，偶用手指轻触这个词汇，仍能感动得哭泣。回顾那些孩提时代稚气的事情，发现自己真的长大了不少。盘桓在记忆里的家乡始终占据着心中一大片位置，绵延无尽头。

春天里的一道风景

袁佳丽

漫步在初春的田野中，小路的两边，花开得很好，雨水清洗后呈现出美好鲜亮的色泽。红的黄的紫的，大朵的小朵的紧凑着，数量繁多的蝴蝶，低飞着掠过头顶。起伏在田野里的翠绿，连绵成无法破坏的庞然寂静，这寂静却在湖泊的一个身影处戛然而止。

那是怎样一位老人呢？

一双皴裂的手，风烛残年的面容以及佝偻的背勾勒出他在我大脑里的一切记忆。只见他很吃力地在河边鼓捣什么东西，摸索一会儿后便将什么郑重其事地放进他身旁的一个和他一样破烂不堪的小桶里，而那神情就像中了五百万大奖一样的喜悦。不远处，警示牌上“禁止捕捞”四个大字刺醒了我的神经，我想：他一定是在捕鱼吧！于是心中燃起愤愤的不平，便朝他的背影留下一个鄙夷的眼神，继续向前走。春风轻轻拍打在我的脸上，却没有想象中的那么舒服。

渐渐近了，老人的样子与动作也渐渐清晰。那样子仿佛不是在捕鱼。他将手里的木棍伸得老长，好像在用力地拨动什么东西，他的手臂因过分用力而青筋条条绽出，甚至有些颤抖，他眉头紧锁，牙齿紧咬，双唇紧闭，本来就极其消瘦的脸上骨骼显得更为突出。他的手臂不停地向他的猎物挥动，击起的水花落在他的脸上，和汗水夹杂在一起使他的样子显得有些狰狞。

而我，也终于发现他所辛苦捕捉的猎物所为何物，竟是那些令人生厌的垃圾。他奋力地用木棍收集那些垃圾，装满一桶后便走到垃圾桶前倒掉然后又回去捕捞，一趟又一趟，湖面的垃圾终于被他清干净了。阳光照耀在干净的湖面上，泛着灿烂的波光，一闪一闪，就像老人的心灵一样。我望着这片宁静的湖泊出神，等回过神来，老人已经不见了。不过，他用奉献所浇灌的这片湖泊，就成为春天里最美丽的一道风景。

人们只知道景色的美丽，鸟语花香，山明水秀，而且十分温暖，却不知还有不为人知的一份美丽。老人清理鱼塘也是一道风景，在日光沐浴下更为美丽。他的奉献是春天里的一道风景。

乡村素描

王明慧

没有渔舟唱晚，没有塞上落日，只有赤瓦上映着浪漫晚霞的宁静村落。偶尔传来几声老黄牛的哞哞低吟和小贩走街串巷的叫卖声，一天的忙碌在这一刻归于平静。

我家门前就是大片的庄稼地，偶尔来了些兴致，沿着田间小路信步而行，没有目的，没有约束，想到哪儿就走到哪儿。任徐风拂面，撩乱鬓角的发丝，不去理会，只放眼去望对面的天空和映着绚丽色彩的流云。鸟雀归巢了，空气渐渐变得湿润，田地尽头有一片树林，我倚在一棵树下，看着那个泛着温暖橙黄色的圆乎乎的东西一点点隐到人家房屋后，还不忘把光留给我，再一会儿，那东西全然不见了，我想大概是变成了家家户户妈妈烙的油饼了吧，依旧泛着橙色的光，带给一家人温暖的幸福。

四大爷牵着他那头老黄牛，身后的小牛犊撒着欢儿随着他从村口回来。其实他本可以丢下这儿的日子，跟儿子进城享清福的，可他偏不，儿子几次三番请他进城，他却一百个不愿意，还对他家我方哥说：“方啊，你要想我，就回来看看，让我搬走，那不行！你爹一辈子没离开过这儿，你娘她也在这儿，我走了，谁陪她说话？不走，我不走！”方哥不吭声了，临走给四大爷一头牛，叫四大爷边放牛，边陪青草地下的娘说话。晚霞映衬下，四大爷脸上泛着红晕，满是皱褶的脸灿烂成一团盛放的花。“四大爷，啥事这么高兴啊？”我倚着那棵大树跟四大爷打招呼。“呵呵，娃儿放学了？你方哥带俺孙子回来咧，叫俺回家去……”四大爷乐悠悠地进了小胡同儿。

夜幕四合，灿烂的晚霞退场，静谧的蓝似从东方升起的大幕，遮蔽了苍穹，身旁的草丛也起了露水，没那么晶莹，只密密地覆在叶上，手触到，就有一阵叫你舒心的微凉。该回家了，起身拍拍身上的泥土，向身后那棵只比我大几岁的树道声晚安，沿着来时的小路回家。回去晚了点儿，家里那只总也不见长大的小狗又来寻我了，它好像最了解我的行踪，一不留神它就会从旁边的田里钻出来，在黑漆漆的路上吓我一跳，然后跑前跑后地跟我回家。

平淡的生活在平静中度过，却不觉得丝毫乏味，看着眼前的绿色生机和夜幕初上的几点星辰，听着村里孩童的笑闹和从各家厨房里飘出来的丝丝啦啦的炒菜声，我咀嚼到了幸福的滋味。

我想说，我和我的乡邻们，平凡并幸福着。

最后的挽歌

三月间

兹以此文纪念那些弱小的生命。

——题记

记得那时还小，村庄里几乎家家都搭着猪圈。和人住的房子相比，猪圈的做工简单得近乎偷懒。墙基一般是用碎石加土坯，也不夯实，随手糊了，然后在上头加根粗些的毛竹做檩子，再胡乱地盖几片薄草扇子，一个猪圈就算完工了。

虽然猪圈相当简陋，但猪们对此好像也并无异议。它们在这个长不足三米、宽不足二米的长方形里，吃饭、睡觉、拉屎、活动，十分知足。如果兴致好，猪们还会绕这个刚够掉头的猪圈从南往北，从东往西走两步，权当是散步。只可惜猪圈太小，撒欢儿总不能尽兴，刚撒开四蹄，头不是撞上土坯墙，就是撞上了青石板。

搁在边上的石头槽，有时也成了绊脚的东西。这时，猪会很气愤，拿嘴哼哼喃喃地噘它。噘食槽时，猪们肯定不会想到这是它们的衣食父母，是噘不得的，如果噘坏了，主人就会生气，拿着小臂粗的扫把柄子狠狠地打猪屁股："你这头猪，你这个畜生！"这些用来骂人的狠话，到猪这儿就不灵了。猪本来就是畜生，也听不懂主人骂什么。下次，碍着脚了，该撞的一样撞，该噘的一样撅，主人该打的也照打不误，猪们是天生的坏记性，只要吃饱了喝足了，它们倒头便睡，任何不愉快的记忆都随之烟消云散。所以主人对猪，有时也会恨得不行，自己在地里做牛做马地干活，回来还要早一顿、晚一顿地伺候这猪，它倒好，一点儿良心都没有。

其实谁还能指望猪们有良心。在人们为一日三餐奔波忙碌，或者为第二天吃不上一口饱饭而翻来覆去地在床上“烙饼子”的时候，猪们睡得很踏实，很满足。只要人活着，就少不了猪的。那时节，猪们虽然吃不到美味的泔水，但混个肚圆是不成问题的。春天，万物复苏，人们大多空乏着肚子，却铆了劲儿为猪们在河里打捞浮萍，这些青青翠翠的浮萍可以让猪尝个新鲜。浮萍不够？就把革命草也拉来做猪食。这种水草据说生命力极其旺盛，哪怕把它在太阳底下曝干，再砍成数十截，落到地里，只要有水，仍能活过来。村里有知识的人说这就是革命精神，于是人们就把它叫“革命草”。革命草虽然生命力旺盛，到了猪们的嘴巴里，显然成了美食。夏天，人们把络麻叶捋下，沤了就够猪两三个月的口粮了。秋冬时分，人们就早早地把一些晒成干的草料，冲成粉，反正猪嘴不挑食，你随便拿个什么放到槽里，猪们都能嚼得兴味盎然。到了年脚跟，该上的膘一两不少，全挂在身上。

到了年底，村里人照例要屠猪。杀完了，一半留着自家过年请客用，一半上集市卖了。第二年娃子的学费，娘儿们的针线就都算计在这里头了。所以，屠猪常是村里一年到头最大的一件事，总得挑个好日子，请几个精壮的汉子。这两三百斤的一头蠢猪，别看平时打不还手，骂不还口，到拼命的时候，力气大得很，四个壮汉还不一定能把它摆平。

爹照例是请大叔小叔，再请上邻居的大爷，然后打开猪圈，把我家那头浑身白毛的良种猪引到猪圈外。猪圈太小，装下一头猪已经显得局促，如果再下去四个汉子就动不了身了。所以只能把猪引到外面再动手。猪可能没想到这一点，出了猪圈，突然发现自己一直很满足的天地外面，还有如此巨大的一个天地，会一下子茫然不知所措，看看这里，望望那里，等它反应过来，有兴趣拿嘴噘一根蒜或是一畦韭菜时，四蹄早被人们用力擒住。只有在这时，猪才意识到宿命里的悲哀，突然歇斯底里尖声嚎叫。猪们所有的幸福和快乐感，都会在这一刻跑得无影无踪，嘹亮的挽歌声里，猪们对这个世界的绝望彻底地暴露了。

面对生命的流逝，这最后的挽歌总是异常的嘹亮和绵长，一家宰一头猪，整个村庄，甚至方圆十里都会沉浸在这悲凉的挽歌里。在这歌声里，有反抗，有挣扎，有逃跑的欲望，但最后都扛不过一刀。等到屠夫拔出尖刀的时刻，这挽歌就渐渐消隐，然后另一首挽歌会在村庄里的另一个角落响起。有时此起彼伏，像比赛一样响彻整个村庄。

如今，村庄里年轻力壮的都跑上海，下广州，上北京闯荡世界去了，留守村庄的几个老人再也无力结束一头猪的生命，就不再养猪，于是猪圈零落，成了黄鼠狼、老鼠，甚至野兔的窝棚。老人们也管不了那么多，只随便侍弄几只芦花鸡、梅头鸭，打发生命中剩余的时光。虽然时不时地村庄里还会有一只鸡，一只鸭在刀挨上脖子时挣扎着唱几声挽歌，却都不够嘹亮，不足以叫醒一个村庄的耳朵。

相信生命中，总有一些声音能令人过耳不忘。即使鸡们、鸭们挽歌不如猪的嘹亮，那也是积蓄了一生的呐喊。这世间所有的生命，面对生命的流逝，都和人一样，充满了彻骨的悲凉。人死后，会有很多相识的人为他远远近近高高低低地哭喊几声，免得他在黄泉路上太过寂寞。而一头牛、一只猪、一条狗，甚至一只甲虫，谁来为它们送行？无人喝彩，便只好自己引吭高歌，唱完这最后一首歌，为一辈子画一个句号。哪怕一棵树一根草，虽然口不能言，在面对一个锯、一把刀的时候，它们分明也在尖声地嚎叫。它们的死去，对这个世界来说，分明也和一头猪、一头牛，或者一个人同等重量。

你是我永远的陪伴

杨　阳

泛黄的相片，在记忆一隅投下些许斑驳。古老的青泥石板，在思绪里铺展，继而延伸，到达我从不曾邂逅的地方。

那是我永远的青泥石板。

从来没有探寻它的历史，至少在我出生之时，那条路已经饱经风霜了。路面崎岖不平，就像一块块石板拼接而成。路边有绿绿的青苔，还有翻卷的烂泥。置身其上仿佛踱步于历史纵横之间，穿梭在岁月变迁之中，徒生几分感慨。

奶奶说:它叫青泥石板。

从未被如此安详的呼唤悸动，风儿诗意地吹，心湖荡起阵阵涟漪。

记得小时候，拿到红领巾的那一天，我走的就是这条路。我不停地奔跑，青苔的绿意直逼眼帘，石板的气息也仿佛充满了快乐的意味。它们默默地注视着我，期盼我天天这般快乐。

青泥石板给了我快乐的路途，让我踏上旅程，无拘无束。

记忆里也有灰色的往事，那些孤独无助，寂寥难堪的日子。每每，我总是来到它身边，蹲下身子，向它倾诉心中的苦闷。说着说着，泪水便不由自主地淌下脸颊。我相信它能听懂我的故事，因为在它的身上，寄予着我的欢笑和泪水。我的心路历程，由我和它一起走过。

许多年过去了，青泥石板也停留在记忆里，不曾被提及。

也许，我冷落它了。

所以，我重回旧地，那片我曾经慢慢长大的土地上。我知道，它需要慰藉，那是一个失落的长者对儿女的渴求，对记忆的呼唤。

可我再也寻不到它了。村庄还是原来的村庄，连日暮的炊烟也依旧袅袅升起。

周边人告诉我，筑新路了，原来破的石板路早没了。

茫然。有一种想哭的冲动。

可我终究没有落下泪来，那些掉泪的日子也已经随着它的离开而永远尘封。我明白，心里的青泥石板依旧铺展在那里，永远不会离开。

脑海里写下几行斑驳的字——

穿过人群/拥挤的黄昏/你就在我身旁/刻在梦想的路上/夕阳斜斜拉长倩影/此刻/你抬头仰望/也许太阳/并非是天空的唯一/但只有你/是我永远的陪伴。

无言的青石板

诸葛佩弦

江南。水乡。青石板铺就的小桥，连接着两岸的人家。像极了水墨泼洒勾勒的画。

小桥上，有一块青石板，很别致地豁开一个口子，不大，不小，恰好能流出它的沧桑与古韵。

清晨，天下起了雨，早春特有的雨，细密而柔软，像裹在身上的缎子。

青石板听见一串噼噼啪啪的水声，是个背着书包的小男孩儿，慌慌张张地跑着。“扑通！”他绊倒了，他被青石板的豁口绊倒了。白白的新衬衣上沾满了斑斑驳驳的污点，脚踝也崴伤了，隐隐地疼。他望着四周，空荡荡的。他紧紧地咬着唇，小脸儿红胀胀的，站了起来。他跺了跺青石板，他不跑了，但仍是慌慌张张地，摇摆着走远了。

青石板不说什么，也说不出什么，它惋惜地看着那个小男孩儿，和他的衬衣，它想起了他有力度的责备。

上午，一群村妇聚在屋檐底下边择菜边聊天。

“桥东边李四家那小娃儿，知道不，早上上学迟到，就被老师赶回家来反省呢！”

“可不是，那娃儿可委屈了，闷屋里头哭个没停！”

“现在老师，教管得太严，太计较……”

青石板不想听了。小男孩儿再也没有从这儿走，它只能在天刚擦亮时，隐隐约约看见小男孩儿绕开小桥，走得越来越远。

正午，天仍然下着雨，早春特有的雨，压抑而愁闷，像伏在肩头的行囊。

青石板听见一阵沉重低落的水声，是个拎着个鱼篓子的渔夫，疲惫缓慢地踱着。“扑通！”他绊倒了，他被青石板的豁口绊倒了。鱼篓子里仅有的两条鱼都滑进了小河里，他也摔伤了，激烈地疼。他望着手边，一无所有。他用力地皱着眉，青筋都暴凸出来，站了起来。他瞪了瞪青石板，他不踱了，但仍是疲惫缓慢地，踉跄着走远了。

青石板不说什么，也说不出什么，它可怜地看着那个渔夫，和他的鱼篓子，它想起了他悲哀的目光。

下午，一群村妇聚在屋檐底下边洗衣边聊天。

“桥西边那打鱼的张三，知道不，中午空手回家，就被老婆狠狠骂了一顿呢！”

“可不是，那张三可窝囊了，连个家都养不起！”

“现在家庭，日子太难过，太乏味……”

青石板不想听了。渔夫再也没有从这儿走，它只能在阳光好的日子，看见渔夫闷声不响地蹲在屋前，做着木工活儿。

傍晚，天依旧下着雨，早春特有的雨，忸怩而婉约，像朦朦胧胧的面纱。

青石板听见一排哗啦哗啦的水声，是从大轿车上下来的几个人，耀武扬威地迈着步。“扑通！”最前面的一个绊倒了，他被青石板的豁口绊倒了。他重重地跪在青石板上，西服也弄皱了，强忍着疼，他缓缓地撑起身体，直起腿，他尴尬地抬起头，困窘得手足无措，站了起来。他瞥了瞥青石板，他不迈步了，但仍是在左右的前呼后拥下，大步地走远了。

青石板不说什么，也说不出什么，它讥嘲地看着那个“西装”和他的左右，它想起了他冰凉的双膝。

夜晚，一群村妇聚在屋檐下边嗑瓜子边聊天。

“我们村刘大爷家的二儿子，知道不？现在当了大官，刚才回家看望刘大爷去了呢！”

“可不是，听说那大官一进村就跪下了。我儿子哪天也出息又孝顺就好了！”

“现在当官的，都太会作秀，太假……”

青石板不想听了。大官再也没有从这儿走过。它只能在逢年过节的时候，听见黑亮黑亮的大轿车，发出的轰隆隆的马达声。

青石板无言，但它那别致的豁口，像在倾诉着什么，又像在吞噬着什么。

老　屋

吴石冰

隔一程山水，你是我回不去的原乡。

——简桢

深邃的星空，明月高悬。

是夜，凉如水。

很久没这样倚着窗台，看着河滨路的景色，我竟有一丝不习惯。我突然明白这种不习惯是由于这全新的环境，温润的月光再也照不到我的床，新家的墙上透出一丝的惨白，而我正思念的是这一轮明月下家乡寂寞的老屋。

思绪游动成清润的风，飘着关于老屋的过往。想来，那座老房子已经屹立了很多年了。青瓦泛着黑，长满青苔的身影，那压着瓦片的砖头，已经风化出一粒粒沙子，只待一阵风，便悠悠然落入土里睡去。可是老屋依旧安稳地度着日子，守着一棵老树，静看这繁杂的世间。

老屋是安静的，我知道树也明白。那落满窗边的枝叶是老树最深的问候，那突出的枝干笼着老屋是老树最温暖的陪伴，而它们就是我最美的思量。只是当我某次回到故乡之时，却再没寻到老树的身影，一切就像老树没来过人间一样。原本是百草园的地方已被钢筋水泥代替，变成三叔的制茶之地。老屋开始落寞了，一如凋零的花，只能抵死苦守一截老根。老屋已经不只是安静，更多的是寂寞。

老屋有着一股醇香。爷爷喜欢酿红酒，久而久之，红酒的味道在我的鼻尖上变成老屋的味道。爷爷每次来城里，都会给我们家捎上一两斤红酒。揭起盖子，浓浓的酒香融着老屋的味道在我的鼻尖上跳着舞，只是爸爸不让我喝酒，我也只能贪婪地闻着。爷爷每次回去都要带些瓶子回家，他笑着说："以后出来可以多带一点儿！"爷爷笑的时候舒展开的额头就会让我想起老屋。目送爷爷离去之时，总是期盼他下一次能快点儿来。如今，家里的瓶子如山地堆着，而那翘首以盼的人儿却早已不在。

我知道，老屋的落寞不会绵亘一生，只是每当回忆起老屋，就会对这份落寞有着一份歉意。然而，人的一生若只是在思念中度过，那将是惨淡的一生。于是我向父母请求着回家乡一趟，去看看所思念的地方，而父母欣慰的笑容更让我感到我的决定是正确的。明天，我们就回家乡，回到那个思念的地方去。

合眼，再睁眼望着这璀璨的星空，莫名地想起周董的歌词：雨纷纷，旧故里，草木深，我听闻，你始终一个人。今生，你注定是我最美的思量。

有这样一个地方

刘超凡

星期天，偶然整理起以前的相册。一张边角泛黄的照片映入眼帘：和煦的阳光下，一个小女孩站在绿油油的菜地里，手里拎着一个刚成熟的水萝卜冲着镜头大笑着，丝毫不顾忌口中刚换下的门牙。

一连串的记忆呼啦啦地涌现出来，告诉我，有这样一个地方……

那是我外公的小菜园。菜园不大，围着半人高的木篱笆。也不知这木篱笆在这里站了多久，有的地方已被风雨侵蚀得发黑，散发着淡淡的朽木气息，几朵喇叭花却昂首挺胸，对着高高的太阳吹奏着粉色的号角。

篱笆虽然破旧，园子里却是另一番天地。除了冬天只有一个红鼻子的矮雪人孤零零地立在墙角，其余的季节总是生意盎然。春天，半园的小青菜出落得清清秀秀，如同待出阁的小家碧玉，颇有几分矜持；夏天，一架竹竿上爬满了碧绿的黄瓜藤，尚未褪花的小黄瓜抬着头好奇地瞅着对面的几株青椒，而青椒却只是自顾自地生长；秋天，一排茄子不知是不是和头顶上的葫芦生了闷气，低着头把脸憋得紫胀。在这个园子里，我可以安静地待上一整天。或是研究蜜蜂是怎样在黄瓜花丛间忙碌，或是看蚂蚁是怎样费力地把一只青虫搬回家。至今我仍庆幸自己比城里的孩子多了些什么，那是一本大自然赐给我的教科书。

外公也总是乐意让我跟着他。我不能像外公一样，扛起铁锹砸开田里发硬的土块，拿起镰刀除去田里的杂草。但我能在外公喊“乖孙女给外公递杯水来！”时为外公递上一杯凉开水，或是帮外公把刚刨开的土里点上豆子。外婆就坐在门口的小木凳上，一边择菜，一边笑嗔我：“小马虎，豆子不能撒那么多！三四个就够了哦！”我听话，放下一些在篮子里，手一抖却又把豆子点在了坑外。外公外婆便笑着指着我，一脸幸福得恨铁不成钢。

最喜爱的，还是菜园里水萝卜成熟的季节。不仅是因为贪图水萝卜的清脆香甜，更是因为可以不用担心外婆的阻止高高兴兴拔个够。然而等待的季节总是那么漫长，那颗颗小萝卜像是和我捉迷藏，迟迟不肯露出它们的小脑袋。我也总是不停地拉着外公的衣角问：“什么时候才能拔萝卜？你说快了快了到底是什么时候？”有时被问烦了，外公便点着我的小脑瓜说我是小馋猫。外公俯下身告诉我，没有等待哪儿来的收获！我看着外公脸上纵横的皱纹和认真的眼睛，似懂非懂地点点头。这句话背后似乎还有很多，却是那时的我无法彻底理解的。现在，外公的小孙女已经学会了等待生活中误会的溶解、风波的离去，也学会了用同样的耐心等待明年夏天的收获。

后来，老家的砖墙上被画上了一个大大的红叉号，那是强令拆迁的标志。如今抬起头，看不到老家那样纯澈的夜空了，但我仍能够微笑着等待明天的阳光。因为那个小菜园仍在我心灵的一角，守护着一个孩子的梦。

梦里，门外

李羽洁

是不是生命有着无法承受的厚重，才要远离熟悉的家门？是不是岁月如此沉重，定要让独处异乡的我驻足？于是在梦中，我停下了脚步！

记忆中的门是木质浑厚，斑驳中透着红漆的那扇。冬日的每天早晨，我打开门，在“吱呀”一声中迎来满屋的光芒。那阳光很舒服，暖暖的。伸一个懒腰最是惬意，哈一口气，可以看到一片白气在空中袅袅升起又散去。黄昏的时候一定要找到回家的门，不然妈妈会不厌其烦地在家门口喊着我的乳名，那儿时的愉悦和恐慌总在“哐”的一声关门声中温暖全身的细胞，给人一份安然，梦里还有一只小狗，摇着尾巴守在门边。

好一扇门啊，离乡求学了很久，终于懂了门不仅是通往温暖的故乡的家，还是一种难进难出的情结。

房子换了坚固点儿的，门也换了华丽的样式。但记忆中那斑驳点点的旧木门却一直存在，我透过那布满镂空花纹的大门，扫过那华贵的砖红色的大门，却没有了纯粹的、让人温暖的幸福感。而那朴实的木门却愈加清晰地浮现在我眼前，那斑驳的红漆，那厚重的木板以及温馨的“吱呀”声，都让我感受到厚实的乡情。我仿佛看到：回乡时，远远的那扇门，还有门前的树，以及树下的老人，但，我却走不近，走不进。

在异地也有了一扇临时的门，那铁制的门很坚硬，很冰冷，我很少带钥匙，我以为那门听到我的脚步声会自动打开或轻掩着，我轻轻一推就能推开。可多次，我被那临时的门拒之门外，门开着是一种期待，在斑驳的木门中，总有微弱的灯光从虚掩的门中透出来，有了熟悉的脚步声，门会自动打开，还有那小狗摇着尾巴好久才肯离开。

在梦里，我思念起远处的门来，才明白，那是我家的门，那是故乡的门。本不愿漂泊求学，却为了学业离开了那扇木质斑驳的门，如今，不小心打开了思念的闸门，那思乡之情竟再也关不上了，只得任它载着我的心回归故乡，回归家，回归那扇门。

我知道门有多种，门有千万扇，我寻觅了好久，走了好远，却终究会想起那扇门——那扇我要的和等待我的门。在梦里，我走近了它，却走不进去，只得在门外，看它斑驳的红漆，厚重的身板……

远方的路

鲁香玲

精灵，是一颗悠悠的心……

——题记

儿时的我是一个普通的农村女孩，朴素的衣着，恬淡的微笑，有着所有山里人独特的淳朴与天真。故乡是一个绿树成荫的地方，安静的院落，淡淡的花香。每天邻居们日出而作，日落而归，在门前长满青苔的小路上，洒下无数歌声与微笑，这里是属于我的天堂。我总爱依偎在爷爷的怀里，细品爷爷积攒的碎糖，看那院门口青色的石板路，悠悠地伸向远方……

总爱光着脚丫在门前的青石板路上追逐嬉戏，看那如飘落在山头的美丽丝带般的小路，蜿蜒盘曲地伸展到山的那头。曾拉着爷爷的手，沿着这静谧的山路，奔向离家很远的地方，直到夜幕降临，沐浴夕阳。我会略带倦意地趴在爷爷肩头，天真地问："爷爷，远方的路好像还很长很长，山的那头，天也会一样的蓝吗？"爷爷总是慈祥地微笑："孩子，山的那头，路的远方，是更美的天堂，在那里，你会看到更多的风景。"每当这时，我就会不安分地蹬着腿，嚷嚷着要沿着这漫长的山路，去到山的那头。爷爷却总安静地微笑，不曾发觉，那微眯的双眼里，闪着点点泪光。

长大后，某个春光明媚的早晨，山路捎来一个消息，爸妈要带我回城里上学。我惊恐地躲在爷爷身后，拼命抱住爷爷，仿佛一放手，爷爷就会从我身边消失。爷爷轻抚我的头，一向坚强的他竟略带哭腔：“孩子，跟着你爸妈，就能到山的那头，去实现你的梦想，山里的路很长，但你今后的路会更长。”于是，任凭我又哭又闹，爷爷最终还是把我抱上了车。车徐徐发动，沿着山路向远方驶去，等待我的，是远方未知的将来，车后，爷爷瘦小的身影在风中微微摇晃，离别的气息，随风散到四方，直到爷爷也融入远方，我仍久久不住回望……

一晃几年过去，求学的艰辛渐渐冲淡了对故乡的记忆。再回故乡，已是清明时节，天下着小雨，暗淡忧伤。早早下了车，沿着儿时的小路，慢慢地走向老院。那曾经的老院，已淹没在远方，脚下的路，格外漫长。还是长满青苔的石板，空气中依然弥漫着花草的芬芳，可故人已去。多想闭上眼，在睁开的瞬间就看到那树下熟悉的身影与微笑，多想再品品那仍留体温的碎糖，多想再趴在爷爷的背上安享夕阳……可拈花一瞬，岁月暗淡了琉璃繁华，泪光中沉淀下浓浓愁绪。夕阳老去，西风渐紧，一切已物是人非。微微苦笑，原来并没有永远的故乡，我们都只是永远的过客。那蜿蜒向远方的路啊，寄托了我多少思乡的渴望！不经意就到了老家门口，岁月斑白了门上的红联，消退了朱红的门漆，朽蚀了高悬的门檐，像掉入了一个古老悠远的梦境，期待耳畔再次回荡起熟悉的歌谣，可流年终已去……

独立爷爷坟前，静静放上一束花，无法想象，离去后的每一天，爷爷如何在院落边坚守望穿秋水的等待，盼望那远方的山路给他捎来孙女归来的喜讯。我已泣不成声，脑海中涌出苏轼那“十年生死两茫茫，不思量，自难忘，千里孤坟无处话凄凉”的哀伤。伫立坟头，让时间定格，再蓦然回首，一刹那，只留下簌簌淡黄背影，然后掉头，默默地走开，眼泪成诗……

走在家乡的路上，那蜿蜒向远方的路，始终悠悠地，溢满安谧。爷爷，天堂的路，愿您走好，而我也将踏上新的旅途，未来，有更长的路等我去闯，故乡，也随背影退回曾经的远方。抬头，仿佛见到爷爷的微笑，于是，脚步更加坚定。远方的路，爷爷会伴我一起走，哪怕风雨兼程，也会地久天长……

麦子的味道

施可人

很久了，不知道是多久没有回过老家了。当看到梧桐树上那一个个绿色的小芽苞冒出来的时候，我的脑海中一下子浮现出家乡的那片田，那片田里的麦子，是不是也像这梧桐树，抽出了鲜绿的芽呢？……真的，我好怀念麦子的味道。

当春天的第一缕风带来湿润泥土的腥味的时候，我便兴冲冲地叫上哥哥姐姐一起去麦田戏耍。早春的田，黝黑黝黑的，湿湿的，当我光着脚丫踩上去的时候，总是特别的细腻柔软。田里还有咕噜咕噜冒着水泡的小水塘，用手一摸，水还是温温的呢，是不是小鱼儿们用身体温暖了水呀！偶尔，还会看到在麦苗间跳动的小绿点儿——小青蛙。看着这呱呱叫、来回跳的小青蛙，我不禁有些为它们着急：瞧它们跳得那么急，一定是饿坏了。可麦苗刚播种，没有害虫啊，这可怎么办呢？可那时毕竟还小，随着小青蛙的消失，一会儿就把这担心给忘了。春天，我就喜欢在麦田里尽情地跑来跑去，闹来闹去，闻着麦苗清新的味道，直到麦子长高，我也长高了：夏天到了。

夏天真是热啊，火红的太阳炙烤着这一片金黄的麦田，一阵风吹过，麦浪翻滚着，扑打着远处的山，天上的云，我仿佛看到了金色的火焰在跳跃。这时的我，往往不敢冒着白花花的太阳去麦田，只能坐在门前的大树下，期望当热风飘过田野时，能送来一缕麦子的馨香，让我满满地吸一口，便觉得满足。我总是陶醉在麦子的香味中。到了晚上，麦田里更好玩儿了哩。当嫣红的夕阳也渐渐隐没的时候，天就凉了下来。我们坐在麦田里，闻着还带着余温的麦香，凉爽的风把我们的欢声笑语送向麦田四周，送向远方。夏夜，麦田里还有萤火虫呢。当皎洁的月光照亮了麦田的时候，萤火虫也点起了浅绿色的灯，在麦丛间飞来飞去，可有趣了，使原本有些肃穆的麦田一下子可爱起来。我们总爱在麦丛间跑来跑去，追追打打，把麦子摇晃得窸窣作响，和着丝丝的风声，夹杂着我们银铃般的笑声，还有亲切的蛙鸣，仿佛一首优美朴素的小令。

当端午节来临时，真是麦子最美丽的时候。它穿着金黄色的外衣，在风中摇曳生姿，散发出一股股迷人的香味，这是麦子的味道。麦子亲切的味道，就像乳汁般香浓，露水般清爽，美酒般醇厚，无法言喻，让人沉醉。当麦子收割后，我总让大人保留那一把麦秆。他们可不知道，睡在麦秆上，有多舒服哩。厚厚的一层麦秆，哗地扑上去，只感到暖暖的，有太阳的余温；香香的，有麦子的味道。这样，做的梦也是香甜的呢！

日子一天天过去，冬天来了。麦田黝黑黝黑的泥土上，又长出了鲜绿的麦苗。田野里的青蛙不再呱呱叫，蚱蜢和萤火虫浅绿色的灯笼消失了，我也终将离开，去城里读书了。最后回望麦田，它已被白雪覆盖，偶尔露出几簇细细的麦苗。我知道，那白雪覆盖下，是麦子鲜活的生命。闻着冬野里大雪清冽的味道和麦苗清新的味道，我仿佛可以预见，下一次，我回来的时候，麦苗一定又长成了高高的麦子，为我绽放它醇厚香甜的味道。

此去经年，在梧桐树发芽的时候，我想，绿油油的麦苗一定又播种在了黝黑的土地上，麦子就在不远处的远方。我在心里默念："麦子啊，就让我们一起长大。等我回来，将最美的味道送给我当礼物吧！"